John Ortberg • Laurie Pederson • Judson Poling

*Reise zum Leben*
Geistliches Training für Menschen wie du und ich

John Ortberg • Laurie Pederson • Judson Poling

# Reise zum Leben

*Geistliches Training für Menschen wie du und ich*

Projektion J Verlag

Titel der Originalausgabe:
*Fully Devoted: Living Each Day in Jesus' Name*

© 2000 by The Willow Creek Association
Published by Zondervan Publishing House,
Grand Rapids, Michigan

© 2001 der deutschen Ausgabe
by Gerth Medien GmbH, Asslar
5. Auflage 2005

ISBN 3-89490-369-4

Auf der Grundlage der neuen Rechtschreibregeln.

Die Bibelstellen wurden, soweit nicht anders angegeben,
der „Gute Nachricht Bibel" entnommen.

Übersetzung: Karoline Kuhn
Umschlaggestaltung: Hanni Plato
Umschlagillustration: Jeremy Cala, Tony Stone
Lektorat & Satz: Nicole Schol, Gerth Medien GmbH
Druck und Verarbeitung: Schönbach-Druck, Erzhausen

Nachdruck, auch auszugsweise, nur mit Genehmigung des Verlages.

# Inhalt

Reise zum Leben . . . . . . . . . . . . . . . . . . . . . . . . . . 7

Einleitung: Reise zum Leben –
Geistliches Training für Menschen wie du und ich . . . . 9

Einheit 1: Was ist echte Spiritualität? . . . . . . . . . . . . 11

Einheit 2: Gnade . . . . . . . . . . . . . . . . . . . . . . . . . 23

Einheit 3: Geistliches Wachstum . . . . . . . . . . . . . . 35

Einheit 4: Gruppen . . . . . . . . . . . . . . . . . . . . . . . 49

Einheit 5: Gaben . . . . . . . . . . . . . . . . . . . . . . . . . 61

Einheit 6: Gute Haushalterschaft . . . . . . . . . . . . . . 75

Einheit 7: „Wir kennen ihn gut …" . . . . . . . . . . . . 89

Tipps für Gruppenleiter . . . . . . . . . . . . . . . . . . . 101

# Reise zum Leben

In diesem Buch und der dazugehörigen Serie geht es nur um eines: geistliches Wachstum. Doch das könnte etwas anderes sein, als Sie denken!

Halten Sie sich selbst für einen geistlichen Menschen? Was bedeutet „geistliches Wachstum" für Sie? Ist für Sie geistliches Wachstum gleichbedeutend mit harter Arbeit? Haben Sie ein klares Bild vor Augen, wie Ihr Leben aussehen würde, wenn Sie sich stärker mit geistlichen Dingen beschäftigen würden?

Jedes Heft dieser Reihe soll Sie auf Ihrem Weg zu einem authentischeren, intensiveren Christsein unterstützen. Was „geistlich sein" überhaupt bedeutet, damit beschäftigt sich jeweils das einleitende Kapitel – und mit der Frage, wie Sie immer mehr so leben können wie Jesus Christus.

Sie werden merken, dass dieses Kleingruppenheft sich von anderen unterscheidet, mit denen Sie sich vielleicht schon beschäftigt haben. Jede Woche werden Sie sich auf Ihr wöchentliches Gruppentreffen in Form eines Bibelstudiums und verschiedener geistlicher Übungen vorbereiten. Diese Elemente sind dazu gedacht, Ihre persönliche Zeit mit Gott zu vertiefen und Ihnen dabei zu helfen, ihn in jeden Lebensbereich einzuladen, selbst in die alltägliche Routine. Denn alles in allem ist auch geistliches Leben schlicht Leben – das Leben, das Ihnen täglich, stündlich und minütlich widerfährt.

Es ist sehr wichtig, dass Sie diese Übungen machen, bevor Sie in die Gruppentreffen gehen, denn die dortige Diskussion basiert auf den Erfahrungen, die Sie mit dem Bibelstudium und den geistlichen Übungen gemacht haben. Es ist auch nicht so gedacht, dass Sie das Ganze schnell noch eine Stunde vor dem Treffen hinter sich bringen. Wir möchten Ihnen vorschlagen, dass Sie das Bibelstudium und die Übungen intensiv über den Zeitraum von mehreren Tagen durchdenken und durchbeten, am besten als Teil Ihrer persönlichen Stillen Zeit mit Gott.

Eine gute, moderne Bibelübersetzung wie die „Gute Nachricht" oder die „Hoffnung für alle" wird Ihnen dabei eine Hilfe sein. Vielleicht sollten Sie auch ein biblisches Wörterbuch zur Hand haben, um wenig vertraute Begriffe, Orte oder Namen nachzuschlagen. Schreiben Sie Ihre Gedanken in den dafür vorgesehenen Platz in diesem Buch nieder oder verwenden Sie ein Tagebuch, wenn Sie mehr Platz benötigen. Das ermöglicht es Ihnen, mehr in die Diskussion einzubringen und nicht zu vergessen, was Ihnen wichtig geworden ist. Wenn sich Ihre Gruppe trifft, beteiligen Sie sich bitte am Gespräch. Falls Sie Gruppenleiter sind, sollten Sie nicht belehren, sondern die Teilnehmer ermutigen, über das zu reden, was sie bei der Durchführung der Übungen erlebt haben. Bereiten Sie sich darauf vor, den anderen Ihre Erkenntnisse mitzuteilen, und achten Sie auch darauf, schweigsamere Teilnehmer zum Reden zu ermuntern. Für Gruppenleiter haben wir am Ende des Buches einen Abschnitt mit Tipps angefügt.

Wir glauben und hoffen, dass die Beschäftigung mit diesem Heft Sie auf eine aufregende Abenteuerreise schicken wird. Unser Ziel ist es, dass Sie ein ganz neues Konzept von geistlichem Leben entwickeln, das Ihre Beziehung zu Gott vertieft und Ihr Herz erfreut!

# Zehn Herzstücke der geistlichen Entwicklung

Geistliche Entwicklung

- ist für Christen essenziell, nicht optional!
- ist ein Prozess, kein Ereignis.
- ist Gottes Arbeit, erfordert aber mein Engagement.
- schließt alle Übungen, Erfahrungen und Beziehungen ein, die mir helfen, intensiv und nahe bei Jesus zu leben und mich so zu verändern, wie er es will.
- ist kein Teilziel. Gott ist nicht nur an meinem geistlichen Leben interessiert, sondern an meinem *gesamten* Leben – mit allem Drum und Dran!
- geschieht jeden Moment und ist nicht an besondere Zeiten oder Praktiken gebunden.
- vollzieht sich nicht individuell „im stillen Kämmerlein", sondern passiert in der Gemeinschaft und drückt sich im Dienst an anderen Menschen aus.
- wird nicht bestimmt durch die Herkunft eines Menschen, sein Temperament, seine Lebenssituation oder andere äußere Dinge. Sie ist für jeden zu jeder Zeit möglich.
- kann bei jedem Menschen anders aussehen, denn jeder Mensch ist einmalig und hat seine eigenen Bedürfnisse, seinen Rhythmus und seine Besonderheiten.
- ist gekennzeichnet durch die wachsende Fähigkeit, Gott und andere Menschen zu lieben. Man kann sie nicht mit oberflächlichen Checklisten messen.

## Einleitung

# Reise zum Leben – Geistliches Training für Menschen wie du und ich

Vor einigen Jahren gab es in Amerika einen Werbespot für ein Schmerzmittel. „Wie buchstabiert man Erleichterung?", lautete die Frage, und natürlich sollte man dann den Namen des Schmerzmittels einsetzen.
Gott stellt uns eine ähnliche Frage: „Wie buchstabierst du Spiritualität?" Natürlich wünscht er sich, dass Sie hier dieselbe Sprache sprechen wie er. Die Worte oder Definitionen, die Sie nennen, beschreiben den Weg, auf dem Sie sich befinden, und die Ziele, die Sie sich in Ihrer Beziehung zu Gott gesetzt haben. Denken Sie gut über diese Frage nach, denn an Ihrer Antwort zeigt sich, ob Sie wirklich daran interessiert sind, Ihre Beziehung zu Gott zu vertiefen.
Dieses Buch soll Ihnen helfen, Ihre ganz persönliche Wunschvorstellung von geistlichem Leben zu definieren und es dann voller Freude mit Gott anzupacken. Dieses Buch ist das erste in einer Serie, und wir hoffen, dass es in Ihrem Leben ein bisschen wie ein guter Arzt wirken wird: Es soll dabei helfen, Ihren geistlichen Ist-Zustand zu diagnostizieren, und dann die Übungen, Erfahrungen und Beziehungen „verschreiben", die Sie brauchen, um Fortschritte zu machen. Die weiteren Bücher der Serie müssen nicht in einer bestimmten Reihenfolge durchgearbeitet werden, aber wir schlagen vor, dass Sie sich als Erstes mit diesem hier beschäftigen.
Vielleicht entdecken Sie irgendwann unterwegs, dass „Spiritualität" ganz anders ist, als Sie bisher angenommen haben. Die gute Nachricht ist, dass Gottes Wirklichkeit immer viel besser ist als jede falsch verstandene menschliche Vorstellung. Und sie steht Ihnen jederzeit zur Verfügung!

Einheit 1

# Was ist echte Spiritualität?

# Einheit 1

# Was ist echte Spiritualität?

Nennen wir ihn Frank. Seit er ein kleiner Junge gewesen war, ging er schon zur Kirche, und inzwischen war er über sechzig. Jeder wusste, wer er war – aber niemand kannte ihn wirklich. Er hatte Probleme damit, seine Frau zu lieben. Seine Kinder konnten nicht offen mit ihm reden und fühlten keine besondere Zuneigung zu ihm. Er sorgte sich nicht um die Armen, schaute auf die Menschen außerhalb der Gemeinde herab und neigte dazu, seine Geschwister sehr hart zu kritisieren.

Eines Tages fragte ihn einer der Ältesten: „Frank, bist du glücklich?" Ohne zu lächeln, entgegnete der Angesprochene: „Ja."
„Dann solltest du das mal deinem Gesichtsausdruck erzählen!"
Franks äußeres Auftreten spiegelte eine tiefere und viel tragischere Realität wider: Frank veränderte sich nicht. Er erlebte keine Verwandlung, kein Wachstum, keine Entwicklung. Und was das Bemerkenswerteste an dieser Sache war: Niemanden in seiner Gemeinde überraschte das. Niemand berief ein Sondertreffen ein, um über diesen seltsamen Fall zu beraten, in dem jemand sich nicht veränderte. Niemand erwartete ernsthaft, dass Frank sich verändern würde, und deshalb wunderte es auch niemanden, als es nicht geschah.

Allerdings stellte man in seiner Gemeinde andere Erwartungen an ihn. Man ging davon aus, dass Frank die Gottesdienste besuchte, in der Bibel las, die richtigen Ansichten vertrat, mitarbeitete und den Zehnten spendete.

Doch niemand erwartete, dass Frank Christus jeden Tag ein bisschen ähnlicher werden würde. Die Leute gingen nicht davon aus, dass Frank immer liebevoller, fröhlicher und umgänglicher werden würde. Und deshalb schockierte es niemanden, als das nicht geschah.

> Niemand erwartete ernsthaft, dass Frank sich verändern würde, und deshalb wunderte es auch niemanden, als es nicht geschah.

## Falsch verstandene Spiritualität

*Wie viele Menschen fühlen sich radikal und anhaltend durch Christen abgestoßen, die gefühllos, steif, unnahbar, langweilig, leblos, zwanghaft und unzufrieden sind? Und doch gibt es überall solche Christen, und was diesen Menschen fehlt, ist das Leben in Fülle, das aus einer Ausgewogenheit und Freiheit durch Gottes liebevolles Gesetz entspringt [...]. Falsch verstandene und praktizierte Spiritualität ist einer der Hauptgründe für menschliches Elend und Rebellion gegen Gott* (Dallas Willard: *The Spirit of the Disciplines*).

Was für eine Ironie: ein geistliches Leben, das zur Leblosigkeit führt! Geistliches Wachstum, das Leid hervorbringt. Ein Herz, das Gott hingegeben sein sollte und doch gegen ihn rebelliert. Ganz offensichtlich sollte es nicht so sein – und doch ist das für viele die traurige Realität.

Wenn Menschen sich nicht wirklich verändern, wenn sie nicht liebevoller, fröhlicher und Jesus ähnlicher werden, dann finden sie sich oft mit etwas ab, das ich als „Pseudo-Veränderung" bezeichne: Wir wissen, dass wir uns irgendwie von den Menschen außerhalb der Kirche abheben sollten. Doch wenn unser Herz nicht verwandelt wird, suchen wir nach oberflächlicheren und sichtbareren „Beweisen" für unsere Geistlichkeit. Zum Beispiel

- denken wir, dass geistliche Reife daran festgemacht werden kann, wie viel wir über die Bibel wissen.
- meinen wir, wir müssten uns selbst in eine Unmenge von unangenehmen geistlichen Übungen und Kasteiungen einspannen, um zu zeigen, wie „fromm" wir sind.
- sehen wir auf Leute herab, die allem Anschein nach nicht so hart an ihrem geistlichen Leben arbeiten wie wir – und so führen unsere Anstrengungen nur dazu, dass wir mehr richten und weniger lieben.
- konzentrieren wir uns nur auf äußerliche Verhaltensweisen und erheben sie zum ultimativen Kennzeichen unserer „Heiligkeit", während wir die tieferen und viel destruktiveren Sünden unseres Herzens ignorieren.

Wir sollten lesen, was Jesus den geistlichen Leitern seiner Zeit sagte, um zu wissen, dass „Pseudo-Geistlichkeit" eine tödliche Krankheit ist – und noch dazu eine sehr verbreitete und hoch ansteckende!

## Wie sieht echtes geistliches Leben aus?

Wenn jemand Sie fragt: „Wie ist es um dein geistliches Leben bestellt?", was fällt Ihnen als Erstes ein? Wie definieren Sie

*Einheit 1*
*Was ist echte Spiritualität?*

Spiritualität? Wie messen Sie Ihren geistlichen Fortschritt? Mitten in all die verwirrenden und verzerrten Ideen hinein spricht die Bibel mit brillanter Klarheit: „Wer behauptet, ständig mit ihm Gemeinschaft zu haben, muss so leben, wie Jesus gelebt hat" (1 Joh 2,6). Sich geistlich weiterzuentwickeln bedeutet einfach, Jesus immer besser kennen zu lernen und immer mehr so zu leben, wie er an Ihrer Stelle leben würde. Es bedeutet, Ihr Leben so zu organisieren, dass Sie in Verbindung mit ihm bleiben, seine Gedanken verinnerlichen und ihm in jeder Hinsicht nacheifern können.

Natürlich sieht diese Nachfolge Christi bei jedem Menschen anders aus, weil sie sich durch das einmalige Temperament dieser Person, ihre Fähigkeiten und Umstände ausdrückt. Doch es gibt einen gemeinsamen Nenner: Im Herzen der Lehren Jesu findet sich das Gebot, dass wir Gott von ganzem Herzen lieben sollen, von ganzer Seele, ganzem Verstand und mit aller unserer Kraft und dass wir unsere Mitmenschen lieben sollen wie uns selbst (Mk 12,30–31). Wenn Sie also jemand fragt, wie es Ihnen geistlich ergeht, lautet die eigentliche Frage: „Wirst du zunehmend liebevoller gegenüber Gott und anderen Menschen?" Ganz abgesehen von allen anderen Messlatten, die Antwort auf diese Frage wird Ihren wirklichen geistlichen Zustand beschreiben. Diese Frage ist das beste Diagnose-Werkzeug für Christen, die Gottes Willen tun wollen.

> Gott interessiert sich nicht für Ihr geistliches Leben – Gott interessiert sich für alles, was Sie tun, erleben, erleiden und sich wünschen.

## Im Sinne Jesu leben

Wie würde ein solches Leben im Idealfall aussehen, wenn Sie es wirklich leben würden? Eigentlich könnten Sie dieses ganze Konzept ja auch unter der Rubrik ablegen: *Gute Idee, aber nicht praktikabel*. Doch Gott lädt Sie dazu ein, jeden Moment jedes Tages als Chance zu sehen, von ihm zu lernen, wie Sie die Kunst des Lebens meistern können.

Paulus drückt es so aus: „Alles, was ihr tut und was ihr sagt, soll zu erkennen geben, dass ihr Jesus, dem Herrn, gehört" (Kol 3,17). Paulus achtet hier sehr auf Eindeutigkeit: *„Alles*, was ihr *tut* und *sagt"* – also nicht nur bestimmte Handlungen oder Aussagen, sondern *alles*. Ihr geistliches Leben ist schlichtweg Ihr gesamtes Leben – jede Minute und jedes Detail davon. Gott interessiert sich nicht nur für Ihr geistliches Leben – er interessiert sich für *alles*, was Sie tun, erleben, erleiden und sich wünschen. Und jeder Moment ist eine Gelegenheit, um ihm näher zu kommen und im Sinne Jesu zu handeln.

Bruder Lawrence, ein sehr hingegebener Christ, sagte dazu:

> *„Was lässt euch denken, dass Gott in der Kirche ist, aber nicht im Lebensmittelladen? Heiligkeit hängt nicht davon ab, ob wir den Beruf wechseln, sondern ob wir um Gottes willen tun, was wir zuvor um unsretwillen getan haben.*
> *Im Ernst: Reparieren Sie den Stecker für Gott, nehmen Sie den unangenehmen Anruf für Gott entgegen, konzentrieren Sie sich voll und ganz auf die Aufgabe, die Sie für Gott tun. Er hat es nicht mit Religion – er ist der Gott des Lebens an sich. Doch wir müssen es ihm zurückgeben, es bewusst in seine Hände legen. Und dann wird alles, was wir tun – vorausgesetzt, es läuft seinem Willen nicht zuwider – ein Akt christlichen Dienstes"*
> (David Winter: *Closer Than a Brother*).

Alle Alltäglichkeiten des Lebens können mit der Gegenwart Gottes erfüllt sein – wenn Sie es sind! Sie können sehr wohl das, was Sie jetzt gerade tun, ab sofort so tun, wie Jesus es an Ihrer Stelle tun würde. Und wenn Sie das erleben, kennen Sie die tiefe Freude, die ein wahres geistliches Leben bringt.

John Ortberg

*Einheit 1*
*Was ist echte Spiritualität?*

# Geistliche Übung

Unternehmen Sie in der kommenden Woche doch einmal den Versuch, den Inhalt von Kolosser, Kapitel 3, Vers 17 in die Praxis umzusetzen.

*Lernen Sie* den Bibelvers auswendig: „Alles, was ihr tut und was ihr sagt, soll zu erkennen geben, dass ihr Jesus, dem Herrn, gehört."
*Denken Sie darüber nach*, was es bedeuten würde, die ganz alltäglichen Momente Ihres Lebens so zu leben, als sei Jesus an Ihrer Stelle. Wie würde sich das auf folgende Tätigkeiten auswirken:

- Aufwachen am Morgen,
- Begrüßung der Personen, die Sie zuerst sehen,
- Essen,
- Auto fahren,
- Ihrer Arbeit nachgehen,
- Einkaufen,
- Fernsehen,
- den Haushalt erledigen,
- Zeitung lesen,
- abends zu Bett gehen?

*Probieren Sie es aus:* Konzentrieren Sie sich auf die Gegenwart Jesu in Ihrem Leben, während Sie den scheinbar unbedeutenden Tätigkeiten des Alltags nachgehen. Lenken Sie Ihre Gedanken so oft wie möglich auf Jesus, bitten Sie ihn um Hilfe und Führung oder teilen Sie ihm einfach mit, was Sie gerade bewegt.
*Halten Sie fest*, wie das Experiment verläuft. Wenn Sie noch kein Tagebuch führen, empfehlen wir Ihnen, damit zu beginnen, damit Sie den Überblick über Ihre Erlebnisse und Erfahrungen nicht verlieren. Schreiben Sie die wichtigsten Dinge auf, damit Sie sie später mit Ihrer Gruppe teilen können.

*Reise zum Leben*
*Geistliches Training für Menschen wie du und ich*

# Bibelstudium

1. Beschreiben Sie das Bild, das Jesus im Johannes-Evangelium, Kapitel 10, Vers 10 davon malt, was im Leben derer passieren wird, die ihm nachfolgen.

   Was, denken Sie, hält Sie oder andere Christen davon ab, diese Lebensqualität zu erfahren?

2. Lesen Sie die Bibelstelle im Matthäus-Evangelium, Kapitel 23, Verse 1–28. In dieser Passage richtet Jesus einige harte Worte an die religiösen Führer seiner Zeit. Diese Pharisäer kannten sich in den heiligen Schriften sehr gut aus und hielten sich für geistlich „fit". Wenn überhaupt jemand wusste, was echte geistliche Reife war, dann sie – so meinten sie jedenfalls. Doch Jesus war über ihre Oberflächlichkeit und ihre Besessenheit von Äußerlichkeiten sehr frustriert.

   Welche Verhaltensweisen prangert Jesus besonders an?
   Vers 3:

## Einheit 1
### Was ist echte Spiritualität?

Vers 4:

Vers 5:

> Gebetsriemen oder Phylakterien waren kleine Schachteln, die Bibelverse enthielten und um den Kopf gebunden wurden – eine offensichtliche Zurschaustellung von geistlicher „Bildung". Die „Quasten" an ihren Kleidern sollten die Träger daran erinnern, dass sie Gott gehorchen sollen (Num 15,37–41), doch die Pharisäer trugen besonders lange Quasten, um „besser" zu wirken als die anderen.

Verse 6–7:

Vers 13:

Vers 15:

Verse 23–24:

> In dieser Zeit hatten die meisten Menschen einen kleinen Kräutergarten hinter dem Haus. In ihren Bemühungen um fehlerloses Verhalten gaben die Pharisäer sogar ein Zehntel der Erträge dieses Gartens. Das wäre ungefähr so, als würden Sie Ihr überflüssiges Kleingeld in eine Spendendose bei McDonald's stecken – nicht schlecht, aber ziemlich überflüssig im Angesicht eines Totalversagens im Hinblick auf die viel wichtigeren Dinge wie Gerechtigkeit, Gnade und Glauben!

Verse 25–28:

3. Was meinen Sie: Welche Herzenseinstellung haben all diese Verhaltensweisen gemein?

4. Ist Ihnen beim Lesen ein Aspekt aufgefallen, bei dem Sie sich dachten: *Oh – ich neige auch zu dieser Verhaltensweise!?* Wie haben sich wohl diese leicht verzerrten Ansichten über Spiritualität in Ihr Leben eingeschlichen?

5. Warum ist es Ihrer Meinung nach so leicht zu denken, dass man automatisch zu geistlicher Reife gelangt, wenn man Wissen anhäuft, bestimmte Formeln befolgt und Regeln einhält?

6. Wenn Sie die folgenden Bibelstellen betrachten, was müsste dann Jesu Worten zufolge das Zentrum jeder Form von Spiritualität ausmachen?
Matthäus 23,11–12:

Markus 12,28–34:

*Einheit 1*

*Was ist echte Spiritualität?*

Johannes 15,4–17 (ein Tipp: Achten Sie auf Wiederholungen!):

7. Wenn Sie so ehrlich wie möglich sind, wie würden Sie den augenblicklichen Zustand Ihres geistlichen Lebens beschreiben?

   Was wünschen Sie sich, dass Gott tun soll?

   Wie können die Mitglieder Ihrer Gruppe Sie unterstützen?

*Reise zum Leben*
*Geistliches Training für Menschen wie du und ich*

# Persönliche Zusammenfassung

*Meine Zusammenfassung der Hauptaussagen dieser Einheit und mein persönlicher Eindruck:*

 Füllen Sie diese Seite erst *nach* Ihrer Gruppenstunde zu dieser Einheit aus!

Einheit 2

Gnade

# Einheit 2

# Gnade

Robert ist ein guter Vater, der sich wünscht, dass seine Kinder das Prinzip der Gnade kennen lernen. Ab und zu lässt er ihnen daher etwas durchgehen, für das sie eigentlich bestraft werden müssten (was sie auch wissen). Wenn er das tut, erklärt er ihnen auch, was sie in diesem Moment erleben: „Gnade. Ich lasse Gnade walten. Und wisst ihr, warum ich das tue?"
Sie schütteln den Kopf.
„Einfach nur, weil ich in der Lage dazu bin. Es gibt keinen anderen Grund für Gnade."
Einmal hatte sein Sohn Ryan gleich mehrere wichtige Regeln auf einmal verletzt und erwartete seine gerechte Strafe. Plötzlich fiel ihm etwas ein: „Kannst du diesmal nicht auch Gnade walten lassen?", bettelte er.
Robert befand sich nicht gerade in mildtätiger Stimmung und fragte gereizt: „Kannst du mir einen einzigen vernünftigen Grund nennen, warum ich das tun sollte?"
„Aber Papa", sagte sein Sohn, scheinbar schockiert über diesen theologischen Lapsus seines Vaters, „für Gnade gibt es nie einen Grund!"

> Für Gnade gibt es nie einen Grund.

## Die Geschichte von den zwei Söhnen (Lk 15,11-32)

Als eine der unvergesslichen Geschichten Jesu zum Thema Gnade wird meist das Gleichnis vom verlorenen Sohn genannt. Henri Nouwen stellt aber in seinem Buch *The Return of the Prodigal Son* heraus, dass es eigentlich die Geschichte von *zwei* verlorenen Söhnen ist … und von einem „gnaden-vollen" Vater.
Die Verlorenheit des einen Sohnes ist offensichtlich. Er rennt weg und sucht in fremden Ländern nach der Erfüllung, die er zu Hause nicht gefunden hat. Er ist sozusagen der Prototyp eines deutlich erkennbaren Sünders – eines Menschen, der aus freiem Willen sein Heil weit weg von Gott sucht.
Obwohl es nicht so offensichtlich ist, ist jedoch der zweite Sohn genauso verloren. Oberflächlich betrachtet, tut er zwar alles, was ein „guter Junge" tun sollte: Er bleibt brav zu Hause, arbeitet hart, hält

die Regeln ein, bewegt sich immer im Rahmen des Erlaubten. Doch auf seine Art hat er sich weit von zu Hause entfernt. Er ist hart und voller Neid, und seine Worte enthüllen, dass er tief in seinem Inneren fest davon überzeugt ist, er hat nie das bekommen, was ihm vermeintlich zusteht. Er kennt keine Freude, denn Freude und Groll können nicht in demselben Herzen wohnen. Dieser Sohn ist ein Abbild der religiösen Führer der damaligen Zeit – Menschen, die auf Grund ihres Strebens nach Gerechtigkeit zu stolzen, kalten und weit vom Vater entfernt lebenden Söhnen wurden. Und sie wussten noch nicht einmal, dass sie verloren waren!

Ein Sohn ging fort, der andere blieb pflichtschuldig zu Hause. Keiner von ihnen lebte das Leben im Haus seines Vaters in seiner ganzen Fülle.

## Die „Söhne" und „Töchter" in jedem von uns

Steckt auch ein bisschen von diesem verlorenen Sohn in Ihnen? Sind Sie manchmal versucht, von zu Hause wegzugehen und eigenmächtig nach Erfüllung zu suchen? Vielleicht werden Ihre „Wanderungen" sorgfältig vertuscht, vielleicht sind sie sogar sozial akzeptiert. Aber lauert da vielleicht noch etwas anderes? Eine Gier nach Reichtum oder Macht? Ein Appetit auf Verbesserung, Bewunderung, Ansehen? Eine Sehnsucht nach körperlicher Belohnung?

Auch der christliche Autor Henri Nouwen kannte diese Neigung:

> „Solange wir inmitten der Illusionen dieser Welt leben, verurteilen uns unsere Abhängigkeiten zu sinnlosen Vorstößen in ‚weit entfernte Länder', die uns mit einer endlosen Folge von Enttäuschungen zurücklassen, während unser Selbst unbefriedigt bleibt [...]. Ich bin jedes Mal der verlorene Sohn, wenn ich dort nach bedingungsloser Liebe suche, wo sie nicht zu finden ist."

Die erstaunliche Wahrheit ist, dass Gott uns so sehr liebt, dass er uns sogar von zu Hause weggehen lässt.

Und was ist mit dem älteren Sohn? Der, der hart gearbeitet, die Regeln eingehalten und seine Pflicht erfüllt hat – nur um immer freudloser und bitterer zu werden? Steckt vielleicht ein bisschen von ihm auch in Ihnen? Es ist traurig, aber wahr, dass es vielen von uns leichter fällt, sich durch *Gottes Gnade retten* zu lassen, als dann auch wirklich *in ihr zu leben*. Mit der Zeit wird unser Leben dann ein einziger innerer Vorwurf, und so enden wir auf unsere Weise weit vom Haus unseres Vaters entfernt …

## Gnade:
## Eine Einladung, sich beim Vater zu Hause zu fühlen

Unser „gnaden-voller" Vater hat nur einen Wunsch: seine Kinder nach Hause zu bringen. Er sehnt sich nach jedem Einzelnen von uns und möchte, dass wir zurück in seine liebenden Arme laufen. Er lädt uns ein, seine Liebe auf uns wirken zu lassen, seine Wertschätzung zu spüren und ein Leben lang die Feste und Feiern an seiner Tafel zu genießen. Er will, dass wir in seiner Gnade leben.

Die gute Nachricht ist, dass Sie wirklich lernen können, diese Gnade mehr und mehr zu erfahren. Gnade beginnt mit Reue und Vergebung, und sie wächst, je mehr wir unsere Augen darauf trainieren, die vielen Aspekte der Großzügigkeit unseres Vaters wahrzunehmen, die wir für selbstverständlich halten – ein gut geheiztes Zuhause, leckeres Essen, gute Worte eines Freundes, der Anblick eines blühenden Gartens, die Kirche Jesu, die sich zur Anbetung versammelt. Gottes Gnade umgibt uns in jedem Augenblick, doch wir müssen erst die Fähigkeit entwickeln, sie zu erkennen.

Und schließlich wachsen wir in der Gnade, wenn wir uns selbst die Erlaubnis erteilen, das Leben zu genießen und zu feiern. Denn die Menschen, die Gottes Gnade nicht erkennen, haben damit echte Schwierigkeiten und brauchen ein neues Verständnis von Gottes Sicht der Freude. Er hat die Welt mit wunderbaren Möglichkeiten angefüllt, und es ist keine Sünde, sie fröhlichen Herzens zu genießen. Das ist ein unersetzlicher Teil des geistlichen Lebens, ein unersetzlicher Teil dessen, was es bedeutet, in der Gnade zu leben. Der Vater im Gleichnis drückt es am schönsten aus: „Alles, was ich habe, gehört dir." Lassen Sie sich diese Worte auf der Zunge zergehen, leben Sie mit ihnen. Ihr Vater sagt sie auch zu Ihnen!

> Es ist traurig, aber wahr, dass es vielen von uns leichter fällt, sich durch Gottes Gnade retten zu lassen, als dann auch wirklich in ihr zu leben.

## Die Gnade ausweiten

> *„Lange Zeit habe ich mit der Einsicht gelebt, dass die Rückkehr ins Haus meines Vaters die ultimative Berufung war. Es hat mich viel geistliche Arbeit gekostet, sowohl den älteren als auch den jüngeren Sohn in mir dazu zu bringen, sich umzudrehen und die*

> *Liebe des Vaters anzunehmen. Tatsache ist, dass ich auf vielen Ebenen noch immer auf dem Rückweg bin. Doch je näher ich der Heimat komme, desto klarer wird die Erkenntnis, dass es noch eine Berufung gibt, die über die Rückkehr nach Hause hinausgeht [...]. Ich sehe nun, dass die Hände, die vergeben, bestätigen, heilen und ein üppiges Mahl bereiten, meine Hände werden müssen"* (Henri Nouwen, *The Return of the Prodigal Son*).

*Nur wenn wir lernen, in Gottes Gnade zu leben, können wir ihm ähnlicher werden.*

Gott möchte, dass jeder Tag zu einer Heimkehr wird. Nur wenn wir lernen, in seiner Gnade zu leben, können wir ihm ähnlicher werden. Wenn unsere Hände mit seinen Segnungen gefüllt sind, können wir den eisernen Griff um unsere Abhängigkeiten, unseren Stolz und die Klagen in unserem Inneren lockern. Nach und nach werden sie durch eine erfrischende Freiheit und Lebendigkeit ersetzt, und wir werden dazu gedrängt, seine Gnade weiterzugeben.

Wir weiten Gottes Gnade jedes Mal dann aus, wenn wir uns anderen Menschen gegenüber freundlich und großzügig verhalten – wenn wir für sie beten, sie bemerken, ihnen vergeben, ihnen dienen, sie mit einbeziehen. Besonders natürlich geben wir Gottes Gnade weiter, wenn wir mit anderen teilen, was Gott in unserem Leben tut. Wenn wir so in der Gnade leben, erleben wir eine freudige, ungezwungene Fruchtbarkeit. Und eh wir's uns versehen, leben wir immer mehr wie Jesus, der die Freude des Vaterhauses tief in sich aufgenommen hatte und sie deshalb großzügig an andere weitergeben konnte – aus keinem besonderen Grund, nur aus Gnade.

*Einheit 2*

*Gnade*

# Geistliche Übung

Wie schon in der vergangenen Woche wird sich das Experiment auch heute wieder darum drehen, so zu leben, wie Jesus an Ihrer Stelle leben würde; nur dass dieses Mal ein besonderes Augenmerk darauf gelegt werden soll, ganz bewusst „zu Hause" mit dem Vater zu leben – in seiner Gnade. Hier ein paar Anregungen dazu:

- Lenken Sie Ihre Gedanken schon beim Aufwachen auf seine Gegenwart.
- Achten Sie auf die täglichen Zeichen seiner Gnade, auch wenn sie ganz alltäglich erscheinen: ein Schrank voller Kleidung, eine heiße Dusche, die Fähigkeit zu sehen, zu hören, zu riechen …
- Halten Sie nach Gnadenbeweisen in Ihrer Umgebung Ausschau, zum Beispiel in Naturschauspielen, im Lächeln eines Freundes, in freundlichen Worten oder Momenten, die Sie zum Lachen bringen.
- Wenn Sie sich zum Essen hinsetzen, stellen Sie sich vor, dass Gott diesen Tisch selbst für Sie vorbereitet hat. Genießen Sie das Essen in seiner Gegenwart.
- Wenn Sie an einem Punkt versagen, bringen Sie es offen vor Gott. Erleben Sie, wie er Ihnen mit offenen Armen entgegenkommt und Ihnen alles vergibt.

Verändert es etwas, wenn Sie versuchen, so zu leben? Genießen Sie Gottes Nähe? Haben Sie das Gefühl, dass Sie Ihre Tage im Haus des Vaters verbringen? Was hat Sie bisher daran gehindert, in seiner Gnade zu leben?

# Bibelstudium

Lesen Sie das Gleichnis aus dem Lukas-Evangelium, Kapitel 15, Verse 11 bis 23 mehrmals im Laufe dieser Woche. Verwenden Sie, wenn möglich, mindestens zwei verschiedene Übersetzungen. Denken Sie außerdem immer wieder über die folgende Aussage von Henri Nouwen nach, die seine eigenen „Verlorener-Sohn-Wanderungen" beschreibt:

> „Je weiter ich mich von dem Ort entferne, an dem Gott ist,
> desto weniger bin ich in der Lage, die Stimme zu hören,
> die mich ‚Geliebter' nennt, und je weniger ich diese Stimme
> höre, desto mehr lasse ich mich von den Manipulationen und
> Machtspielchen dieser Welt einfangen."

1. Haben Sie dieses Verhaltensmuster auch schon in Ihrem eigenen Leben beobachtet?

2. Inwiefern verlassen Sie manchmal das Haus Ihres Vaters so, wie es der jüngere Sohn getan hat?

Was zieht Sie von Gott fort?

*Einheit 2*
*Gnade*

3. Gibt es bei Ihnen Ähnlichkeiten mit dem pflichtbewussten, aber verbitterten älteren Sohn?

4. Wie beeinflusst das Ihre Haltung gegenüber anderen Menschen, vor allem im Hinblick auf Gnade?

5. Lesen Sie die folgenden Bibelstellen und schreiben Sie in Ihren eigenen Worten auf, was Gott nach deren Aussage von Ihnen denkt und wie er Sie mit seiner Freundlichkeit überschütten will. Schreiben Sie so, als würden Sie Ihre Worte an Gott persönlich richten.
Epheser 1,5–8:

Epheser 1,18–19:

Epheser 2,12–13.19:

Römer 8,15–17:

6. Denken Sie erneut über die Aussage des Vaters nach: *„Alles, was ich habe, gehört dir."* Inwiefern würde Ihr Leben sich verändern, wenn Sie wirklich glauben könnten, dass Gott diese Worte auch zu Ihnen sagt? Seien Sie möglichst spezifisch in Ihren Ausführungen!

*Einheit 2*

*Gnade*

# Persönliche Zusammenfassung

*Meine Zusammenfassung der Hauptaussagen dieser Einheit und mein persönlicher Eindruck:*

Füllen Sie diese Seite erst *nach* Ihrer Gruppenstunde zu dieser Einheit aus!
Die nächste Einheit beinhaltet anstelle des Bibelstudiums eine umfangreichere geistliche Übung. Reservieren Sie sich schon jetzt möglichst viel Zeit dafür!

Einheit 3

# Geistliches Wachstum

# Einheit 3

# Geistliches Wachstum

Stellen Sie sich vor, eines Tages klingelt bei Ihnen das Telefon: „Guten Tag, hier spricht das Olympische Komitee. Wir haben Sie auserwählt, um Ihr Land bei den nächsten Oympischen Spielen zu vertreten. Sie werden den Marathon laufen. Milliarden von Menschen werden verfolgen, wie Sie gegen die besten Läufer der Welt antreten."

Ein Moment verblüfften Schweigens folgt, weil die längste Strecke, die Sie bisher gelaufen sind, die Distanz zwischen Sofa und Kühlschrank war. Und der Gedanke, Sie müssten diese kurzen Höschen tragen ... kein schöner Anblick! Doch aus irgendeinem Grund bedanken Sie sich und sagen zu.

Wenn Sie es ernst meinen würden, müssten Sie jetzt anfangen, hart zu trainieren. Man kann keinen Marathon laufen, indem man es einfach einmal probiert – und wenn man sich noch so sehr bemüht. Stattdessen müssen Sie Ihren ganzen Alltag um Übungen herum organisieren, die Sie schließlich dazu in die Lage versetzen werden, das zu leisten, was Sie jetzt im Moment nicht leisten können.

Die Analogie eines Wettkampfes benutzt Paulus im 1. Korinther-Brief, Kapitel 9, Verse 24 bis 27 und im 1. Timotheus-Brief, Kapitel 4, Verse 7 bis 8, in denen er die Leser dazu anhält, sich im Gehorsam gegenüber Gott zu üben. Die zentrale Idee in Paulus' Metapher ist, dass viele Menschen denken, sie müssten auf geistlichem Gebiet nur mehr Willenskraft aufbringen, um Jesus ähnlicher zu werden. Also geben sie sich alle Mühe, geduldiger, sanftmütiger und freundlicher zu sein – aber das funktioniert einfach nicht und gleicht dem Versuch, ohne entsprechende Vorbereitung einen Marathon zu laufen. Stattdessen sollten wir uns in unserem Leben um geistliches Training bemühen. Dies ist keine unangenehme Aufgabe – tatsächlich bringen Anstrengungen und Übereifer gar nichts. Sich geistlich zu trainieren bedeutet, sich in Übungen, Erfahrungen und Beziehungen zu vertiefen, die uns dabei helfen, das zu erreichen, was wir nicht durch bloße Anstrengung erreichen können.

Viele Menschen assoziieren das Wort „Training" mit freudlosen, schmerzlichen Aktivitäten. Für sie bedeutet Training, dass man etwas Unangenehmes hinter sich bringt, um dann Spaß haben zu können. Doch während endlose Fingerübungen auf dem Klavier oder Konditionstraining in der Mittagshitze wirklich keine guten

> Man kann keinen Marathon laufen, indem man es einfach einmal probiert – und wenn man sich noch so sehr bemüht.

Beispiele für fröhliche Übungen sein mögen, sieht das im geistlichen Bereich ganz anders aus. Hier kann Training richtig angenehm sein – und der Lohn ist außerordentlich befriedigend!

Es gibt unzählige Übungen, die wir machen können; weise die richtigen für sich auszuwählen ist gar nicht so einfach. Mit welchen Versuchungen haben wir zu kämpfen? Welche Übungen führen uns besonders gut in die Nähe des Vaters? Da wir alle Individuen sind, ist dies bei jedem anders. Dennoch wissen wir aus der Bibel und aus dem Leben vieler Millionen Christen, dass es einige Übungen gibt, die von grundsätzlicher Bedeutung für uns alle sind.

## In der Bibel lesen und darüber nachdenken

> Sich geistlich zu trainieren bedeutet, sich in Übungen, Erfahrungen und Beziehungen zu vertiefen, die uns dabei helfen, das zu erreichen, was wir nicht durch bloße Anstrengung erreichen könnten.

Bei dieser Übung geht es nicht primär darum, Bibelwissen anzuhäufen. Natürlich ist es wichtig, mit der Bibel vertraut zu sein, und manchmal sollten Sie auch größere Abschnitte am Stück lesen. Doch beim Lesen als geistlicher Übung sollten Sie sich Zeit lassen. *Formation* soll Ihr Ziel sein – die Umgestaltung in Jesu Wesen –, nicht *Information*. Es geht nicht darum, die Bibel durchzulesen, sondern ihre Inhalte zu verinnerlichen. Und das erfordert Zeit und Nachdenken.

Meditation ist nichts Unheimliches oder New-Age-mäßiges; es geht dabei einfach nur um das Einüben von besonders großer Aufmerksamkeit. Die Gedanken, die Ihr Verstand immer neu wiederholt, behält er auch. Eigentlich widmen wir jeden Tag mehreren Dingen besondere Aufmerksamkeit. Die Frage ist nur, welche Dinge das sind.

Echtes Wachstum beginnt, wenn wir eine Grundaussage der Bibel nehmen – wie zum Beispiel das Bild: „Der Herr ist mein Hirte" – und darüber meditieren. Was bedeutet es, dass der Herr – der Gott das Universums – mein Hirte ist? Würde dieser Tag mit all seinen Ereignissen und Sorgen anders sein, wenn ich dies wirklich glauben würde? Wie wäre es, wenn ich meine hektischen Aktivitäten einen Moment lang unterbrechen und meine Seele vom guten Hirten heilen lassen würde?

Wenn Sie dies über längere Zeit einüben, werden Sie einen Hunger danach entwickeln, tieferes Wissen über Gott als Ihren Hirten zu bekommen. Sie wollen wirklich, dass er der Herr über Ihr Leben ist. Wenn Sie Aussagen der Bibel nehmen, sie lesen, sie auf sich wirken lassen und sie sozusagen „verdauen", ernähren Sie sich buchstäblich

*Einheit 3*
*Geistliches Wachstum*

von Gottes Wort. Und so lernen Sie eine bessere Art zu leben kennen.

## Einsamkeit und Stille

„Am nächsten Morgen verließ Jesus lange vor Sonnenaufgang die Stadt und zog sich an eine abgelegene Stelle zurück. Dort betete er" (Mk 1,35). Immer wieder kehrte Jesus in der Zeit seines Wirkens auf der Erde zu der Übung des Gebets in die Einsamkeit zurück. Sich zurückzuziehen und in der Stille zu beten ist eine der grundlegendsten Übungen für jeden, der echtes geistliches Leben anstrebt.

Oft wird die Abgeschiedenheit dazu genutzt, auch andere Übungen wie Rückblicke oder eine Selbstanalyse durchzuführen. Oft ziehen sich Menschen auch mit einem ganzen Arsenal von Büchern, CDs oder Kassetten zurück. Doch eigentlich sind das genau die Dinge, von denen Sie sich zurückziehen sollten! Ein solcher Rückzug wird nicht durch das definiert, was man währenddessen tut, sondern was man *nicht* tut! Er schließt ein Abkapseln vor Menschen und Lärm und der ständigen Überreizung des normalen Lebens mit ein. Einsamkeit befreit Sie von einem Dauerzustand der Hektik und Überbeschäftigung. Sie ermöglicht es Ihnen, den Lärm Ihres Lebens hinter sich zu lassen und herauszufinden, was zwischen Ihnen und Gott vor sich geht.

In der Stille der Einsamkeit verstummen alle Stimmen außer der Stimme Gottes. Wir kultivieren eine innere Aufmerksamkeit und öffnen Gott die Tür zu unserem Herzen. Einsamkeit ist Nahrung für die Seele!

> Einsamkeit befreit Sie von einem Dauerzustand der Hetze und Überarbeitung. Sie ermöglicht es Ihnen, den Lärm Ihres Lebens hinter sich zu lassen und herauszufinden, was zwischen Ihnen und Gott vor sich geht.

## Gemeinsames Lernen und Anbeten

> *„Möge der, der nicht allein sein kann, sich vor Gemeinschaft hüten* […].
> *Möge der, der nicht in Gemeinschaft leben kann, sich vor dem Alleinsein hüten"* (Dietrich Bonhoeffer).

Genauso, wie wir von Zeit zu Zeit Stille und Einsamkeit suchen sollten, brauchen wir auch Gemeinschaft, wenn wir unser geistliches Leben voll entwickeln wollen. Deshalb kommen wir zusammen, lernen gemeinsam etwas über Gott und beten ihn zusammen an. Das tun wir einfach aus dem Grund, weil Gott unserer Anbetung würdig ist. Außerdem hat es Gott in seiner Gnade so eingerichtet, dass wir selbst Ermutigung und Veränderung erfahren, wenn wir ihn anbeten. Im gemeinsamen Lobpreis verlieren wir unsere Selbstbezogenheit. Wir werden daran erinnert, dass wir einander brauchen und Teil eines großen Ganzen sind und dass es in unserem Leben um mehr geht als nur uns selbst.

## Ihr persönlicher Wachstumsplan

Der Trainingsprozess, dem Sie sich unterwerfen, sollte speziell auf Sie zugeschnitten sein. Es gibt keine allgemeine Formel, die für jeden funktioniert. Unser kreativer Schöpfer hat uns alle als Individuen geschaffen und wird uns auch auf einmalige Weise verändern. Denken Sie an folgende Analogie: Jedes Ehepaar muss an seiner Beziehung arbeiten. Ein Paar geht vielleicht einmal die Woche zum Frühstücken in ein Café. Ein anderes Ehepaar verbringt einen wöchentlichen Ehe-Abend. Und wieder andere Eheleute setzen sich jeden Abend eine Viertelstunde zusammen, nachdem die Kinder im Bett sind. Und wieder andere fahren ab und zu ganz alleine übers Wochenende an einen romantischen Ort. Jede Ehe braucht solche Zeiten zu zweit. Doch wie und wann diese stattfinden, ist so individuell wie die Beteiligten selbst.
„Was funktioniert bei Ihnen?", lautet also die Frage.
Dabei ist eigentlich alles an Kreativität erlaubt und sogar notwendig, das Ihnen hilft, Ihre Beziehung zu Gott zu vertiefen und Jesus ähnlicher zu werden. Lernen Sie also von dem, was andere tun, aber widerstehen Sie der Versuchung, sich mit ihnen zu vergleichen.

## Wachstumszeichen

In vielen Haushalten findet sich irgendwo ein Türrahmen mit zahlreichen Strichen und Markierungen darauf. Hier wird das Wachstum der Kinder festgehalten – Zentimeter für Zentimeter.
Was ist die Maßeinheit für geistliches Wachstum? Nichts anderes als ein Christus-ähnlicher Charakter. Wenn wir immer liebevoller, ehrbarer, mutiger und integrer werden (vgl. Gal 5,22), dann wissen wir, dass wir Zentimeter für Zentimeter geistlich wachsen.
Die bisher erwähnten (und andere) geistlichen Übungen sind Hilfen

*Der Trainingsprozess, dem Sie sich unterwerfen, sollte speziell auf Sie zugeschnitten sein. Es gibt keine allgemeine Formel, die für jeden funktioniert.*

*Einheit 3*
*Geistliches Wachstum*

auf dem Weg zu diesem Prozess. Vor allem sollte uns immer bewusst sein, dass all diese Versuche und Erfahrungen ihren Sinn verfehlen, wenn sie nicht die Frucht der Liebe hervorbringen.

Wenn Sie sich ausführlicher mit diesen Übungen beschäftigen wollen, empfehlen wir Ihnen das Buch „Das Leben, nach dem du dich sehnst" von John Ortberg (Projektion J Verlag, 1998).

John Ortberg & Judson Poling

*Reise zum Leben*
*Geistliches Training für Menschen wie du und ich*

# Einsamkeits-Übung

Bevor sich Ihre Gruppe wieder trifft, laden wir Sie dazu ein, sich auf eine ganz besondere geistliche Übung einzulassen, die Sie etwas Zeit kosten wird. Reservieren Sie sich mindestens eine Stunde, besser einen halben Tag, an dem Sie einigermaßen ausgeruht und aufmerksam sind. Finden Sie einen Ort, an dem Sie allein und ungestört sind. Es sollte ein Ort sein, der Ihnen gut gefällt und an dem Sie sich wohl fühlen. Bringen Sie ein Tagbuch mit oder einen Schreibblock, um Ihre Gedanken festzuhalten. Auch eine Bibel sollten Sie griffbereit haben.

Die im Folgenden aufgeführten Schritte sollen nur eine grobe Strukturierungshilfe sein, der Sie folgen können, wenn Sie „sich im Zurückziehen üben". Passen Sie sie der Zeit an, die Ihnen zur Verfügung steht. Vor allem aber sollten Sie auf den Heiligen Geist hören und seiner Leitung folgen. Ziel ist es nicht, eine Aufgabe zu erfüllen, sondern vor Gott still zu werden, sein Wirken in Ihrem Leben rückblickend zu betrachten und auf das zu hören, was er Ihnen sagen will.

> Lesen Sie zuerst diese Tipps und Anregungen durch, bevor Sie beginnen! Sie sollten mit dem Sinn des Experiments vertraut sein, ehe Sie sich hineinstürzen!

## Sich selbst zum Schweigen bringen

Eine der härtesten Aufgaben, die wir uns in unserer alltäglichen Hektik vornehmen können, ist, einfach *innezuhalten*. Still zu sein führt normalerweise zu Langeweile, innerer Unruhe oder Schläfrigkeit. Doch um diese Übung wirklich in ihrer Tiefe zu erleben, müssen Sie bewusst stillhalten. Das bedeutet, dass Ihr Körper sich nicht bewegt und Ihre Gedanken aufhören, wild zu

kreisen und stattdessen zielgerichtet werden.
Die meisten Menschen haben während ihrer Gebetszeit mit diversen Ablenkungen zu kämpfen. Ein paar Minuten der Vorbereitung können hier helfen. Belasten Sie sich nicht mit dem, was Sie später noch erledigen müssen oder was gestern passiert ist. Bauen Sie eine Verbindung mit dem *Hier* und *Jetzt* auf und verbannen Sie *Bald* und *Neulich* aus Ihrem Kopf. Dafür ist später noch Zeit. Wenn es Ihnen hilft, schreiben Sie sich Dinge auf, die Ihnen einfallen, und „parken" Sie sie dort, damit sie Sie nicht ablenken, aber auch nicht vergessen werden.

## Gott einladen

Machen Sie sich jetzt bewusst, dass Gott bei Ihnen ist. Danken Sie ihm für seine ständige Gegenwart und begeben Sie sich in seine Hände. Bitten Sie ihn darum, dass Sie offen und empfänglich für seine Führung werden. Laden Sie ihn ein, zu Ihnen zu sprechen, was immer Sie gerade hören müssen.

## Die Gedanken fokussieren

Schlagen Sie die Bibelstelle im Kolosser-Brief, Kapitel 3, Verse 12 bis 17 auf und lesen Sie die Verse mehrmals. Versuchen Sie dabei nicht, den Text zu „sezieren", und denken Sie nicht über das nach, was Sie nicht verstehen. Lassen Sie einfach die Worte auf sich wirken – sie sollen „reichlich in Ihnen wohnen".

## Reflexion und persönlicher Rückblick

Lassen Sie das 3. Kapitel des Kolosser-Briefes aufgeschlagen und verwenden Sie die Stelle Vers für Vers als „Führer" durch Ihre persönliche Reflexionszeit. Wir haben Ihnen schon ein paar Gedankenanstöße dazu gegeben, aber begrenzen Sie sich nicht auf diese. Sprechen Sie offen mit Gott, und bitten Sie ihn, ebenso offen mit Ihnen zu sprechen. Schreiben Sie Ihre Eindrücke und Gedanken dabei auf, es sei denn, dies stört Ihre Konzentration.
   „Ihr seid von Gott erwählt, der euch liebt und zu seinem heiligen Volk gemacht hat ..."

Stellen Sie sich das nur vor: Der allmächtige Gott hat Sie auserwählt … er kennt Sie, will Sie zu seinem Kind machen, wirbt um Sie. Denken Sie wieder an das Bild des gnädigen Vaters, der seinem verlorenen Sohn mit ausgebreiteten Armen entgegenläuft. Auch Ihnen ist Gott oft schon so entgegengekommen. Er hat Sie eingeladen, mit ihm zusammen an einem Festmahl teilzunehmen, das zu Ihren Ehren veranstaltet wird. Stellen Sie sich vor, wie er Sie für alle Zeiten als heilig und vollkommen erklärt.

Denken Sie darüber nach, dass Sie von ihm geliebt werden. Ihre Gesellschaft und Nähe sind ihm wichtig. Gott möchte gerade jetzt liebend gern mit Ihnen zusammen sein! Er braucht das nicht – aber er wünscht es sich. Was bedeutet Ihnen das?

> *„Alles, was ihr tut und was ihr sagt, soll zu erkennen geben, dass ihr Jesus, dem Herrn, gehört."*

Denken Sie an die letzten Etappen Ihrer geistlichen Reise zurück – besonders an die letzten Übungen, in denen Sie bewusst versucht haben, jeden Tag „in Jesu Namen" zu leben. Was hat Gott in dieser Zeit in Ihnen bewirkt?

Es kann hilfreich sein, wenn Sie an eine Zeit zurückdenken, in der in Ihrem Leben etwas wunderbar „aufgegangen" ist, wo Sie

- in einer schwierigen Situation wirklich Jesu Liebe und Gnade vermitteln konnten.
- sich in Mitgefühl, Freundlichkeit oder Geduld „gekleidet" haben.
- Demut geübt haben, obwohl es ganz einfach gewesen wäre, sich in den Vordergrund zu drängen.
- Vergebung und Versöhnung in eine verfahrene Beziehung bringen konnten.
- ein Problem mutig angepackt haben, obwohl Sie das lieber vermieden hätten.

Sind Ihnen irgendwelche besonderen Faktoren bewusst, die Ihnen in diesen Situationen geholfen haben, das Richtige zu tun?

Nehmen Sie sich die Zeit, eine Weile über diese ermutigenden Zeichen des geistlichen Wachstums nachzudenken. Jeder Schritt in Richtung Glauben, Vertrauen und Gehorsam ist unendlich wichtig. Gottes Veränderungsprozess an Ihnen vollzieht sich meist in kleinen Schritten. Können Sie sich seine Freude über Ihre Entwicklung vorstellen? Eines seiner geliebten Kinder (Sie!) macht Fortschritte! Hier sind Sie und suchen ihn, so intensiv Ihnen das möglich ist. Um genau das möglich zu machen, ist Christus gestorben! Werden Sie still und lassen Sie zu, dass er Ihnen seine Bestätigung und neuen Mut zuspricht.

## Vergebung neu empfangen

Verwenden Sie weiterhin die Passage aus dem Kolosser-Brief als Stütze, aber konzentrieren Sie sich jetzt auf die Bereiche, in denen Sie Korrektur benötigen. Denken Sie an den letzten Monat zurück: Wann mussten Sie kämpfen, haben sich frustriert gefühlt oder versagt? Seien Sie spezifisch und konkret. Gab es direkten Ungehorsam gegenüber Gott? Vielleicht haben Sie sich verweigert, als eine Situation liebevolles Verhalten erforderte?

Können Sie in diesen Erfahrungen ein Muster feststellen? Gab es einen gemeinsamen Nenner, zum Beispiel sorglosen Umgang mit Worten, innere Isolation, Kritiksucht, die Tendenz, sich in den Vordergrund zu spielen, Lüsternheit, Gier, Arroganz? Welche spezifischen Faktoren haben zu diesen nicht so gelungenen Versuchen beigetragen, so zu leben wie Jesus?

Nehmen Sie sich die Zeit, diese Dinge ehrlich vor Gott zu bekennen. Bitten Sie ihn um seine Vergebung, seine Kraft und Hilfe in jedem dieser Bereiche.

Seien Sie offen für seine Vergebung. Wenn nötig, bereiten Sie Ihren Geist dafür vor, indem Sie die Wahrheiten von Psalm 103, Verse 8 bis 14 und Philipper, Kapitel 1, Vers 6 neu für sich in Anspruch nehmen. Sie können sich auf Gottes Gnade verlassen und seiner uneingeschränkten Hinwendung zu Ihnen vertrauen.

> *„Der Frieden, den Christus schenkt, soll euer ganzes Denken und Tun bestimmen. […] Dankt Gott dafür. […] Singt Gott aus vollem Herzen Psalmen, Hymnen, Loblieder."*

Verleihen Sie Ihrer Dankbarkeit für Gottes Gnade Ausdruck. Lassen Sie Gott wissen – und hören Sie sich selbst sagen –, wie dankbar Sie für all das sind, was Ihr Leben ausfüllt. Wenn es Ihnen möglich ist, dann danken Sie ihm auch dafür, dass die Schwierigkeiten, die Ihnen im Moment begegnen, zu Gelegenheiten werden könnten, in denen er Ihnen begegnet und Ihnen seine Gnade erweist.

Es kann hilfreich sein, wenn Sie Ihre Übung mit einem klaren Abschluss beenden. Ein kurzes Gebet kann einen solchen Schlusspunkt darstellen: „Lieber Herr, ich danke dir für diese gemeinsame Zeit; bitte lass sie in mir nachwirken und mir helfen, deine Gegenwart an diesem Tag deutlich zu spüren."

## Reflektieren Sie die Übung

Bevor Sie wieder zurück in Ihren Alltag gehen, sollten Sie sich noch ein paar Minuten Zeit nehmen, um über das nachzudenken, was sich ereignet hat. Was ist in dieser Zeit in Ihnen vorgegangen? Sind Ihre Gedanken abgeschweift? Haben Sie mit Gott darüber gesprochen, wie schwierig es ist, bei der Sache zu bleiben? Fühlte sich das Ganze gut an? Was war für Sie das Beste daran? Wann war es schwer? Wie würden Sie die Erfahrung zusammenfassen, wenn Sie jetzt jemandem davon erzählen sollten?

*Einheit 3*
*Geistliches Wachstum*

# Persönliche Zusammenfassung

*Meine Zusammenfassung der Hauptaussagen dieser Einheit und mein persönlicher Eindruck:*

 Füllen Sie diese Seite erst *nach* Ihrer Gruppenstunde zu dieser Einheit aus!

Einheit 4

# Gruppen

# Einheit 4

# Gruppe

*„Wie wohltuend ist es, wenn Brüder, die beieinander wohnen, sich auch gut verstehen!"* (Ps 133,1).
Die Idee der Gemeinschaft trägt die Handschrift Gottes. Der dreieinige Gott erlebt vollkommene Einheit, obwohl er aus drei Personen besteht; und er hat uns nach seinem Bild geschaffen, sodass wir ebenfalls Gemeinschaft erleben können.
Neben anderen Faktoren haben Beziehungen ein enormes Potenzial, uns zu beeinflussen – zum Guten und zum Schlechten! Ein Psychologe meinte dazu: „Es braucht Beziehungen, um Leute krank zu machen, und es braucht Beziehungen, um Leute gesund zu machen." In der gesamten Kirchengeschichte bis zurück zu Jesus und seinen Jüngern wurde jedes machtvolle Wirken des Heiligen Geistes immer begleitet von einer erneuerten Erfahrung der verändernden Kraft der Gemeinschaft. Eine Möglichkeit, dies zu erleben, bietet sich zum Beispiel im Konzept der Kleingruppen – ein kleiner Kreis von einander vertrauten Menschen, die sich dem gemeinsamen geistlichen Wachstum verschrieben haben.

> Die Idee der Gemeinschaft trägt die Handschrift Gottes.

## Was Beziehungen uns geben können

Wie können uns Beziehungen helfen, Jesus ähnlicher zu werden? Was muss in unseren Beziehungen gelten, damit echtes Wachstum eintritt? In seinem Buch *Changes That Heal* („Heilsame Veränderungen") legt Dr. Henry Cloud sein Augenmerk vor allem auf die Elemente „Gnade" und „Wahrheit". Diese sind zwei der Wesensmerkmale Jesu (Joh 1,14).
Gnade in Beziehungen schließt vollkommene Annahme ein. Das bedeutet, dass wir mit unseren Fehlern und Schwächen akzeptiert werden. Gnade macht es uns möglich, aus unserem Versteck zu kommen und uns dem heilenden Licht der Gemeinschaft auszusetzen. Gnade reflektiert die vergebende Natur Jesu.
Auch die Wahrheit ist ein Teil von Jesu Charakter, doch bei ihr liegt die Betonung auf dem Aspekt der Heiligkeit und Gerechtigkeit. Die Wahrheit stattet uns mit einem Gefühl für die Richtung und die Grenzen Jesu aus, die uns davon abhalten, weiter in schädliche Verhaltensmuster zu verfallen. Wahrheit in unseren Beziehungen

hält uns die negative Tendenz zum Selbstbetrug vor Augen, die wir alle haben.

Natürlich sind biblisch betrachtet die Charaktereigenschaften Jesu untrennbar miteinander verbunden – Gnade und Wahrheit existieren gleichzeitig und ewig in ihm, und wenn wir so leben wollen, als sei er an unserer Stelle, müssen auch wir beide Eigenschaften in uns vereinen. Und das ist keine leichte Aufgabe!

## Der gnaden-volle „Wahrheits-Vermeider"

Manchen Menschen fällt es leicht, anderen Mut zuzusprechen und sie zu bestätigen; ein Problem bereitet ihnen dagegen die Wahrheit, wenn sie unangenehme Folgen mit sich bringt. Sie bevorzugen dann die elegante Vermeidungsstrategie. Oft machen sie sich und anderen etwas vor – dass alles in Ordnung ist, dass ein Fehlverhalten nicht so schlimm ist, dass sie nicht wirklich wütend sind. In unseren Augen sind sie liebe Menschen (und in ihren auch), aber eigentlich fehlt ihnen der Aspekt „Wahrheit" – ein grundsätzliches Element von echter Gemeinschaft und geistlicher Entwicklung.

## Der gnaden-lose „Wahrheits-Sager"

Auf der anderen Seite der Skala befinden sich die Menschen, die keine Probleme damit haben, jemandem die Wahrheit ins Gesicht zu sagen. Das Gute daran ist, dass sie nicht heucheln wollen und ihnen viel an Wachstum liegt. Doch oft geben sie sich zu wenig Mühe, die Wahrheit *in Liebe* zu sagen (vgl. Eph 4,15). Manchmal mangelt es ihnen an Empathie – der Fähigkeit, sich in die Lage eines anderen mitfühlend hineinzuversetzen. Ihre Liebe zur Wahrheit überschattet oft ihre Liebe zu denjenigen, denen sie diese Wahrheit mitteilen.

## Eine Gemeinschaft, die von Gnade und Wahrheit gekennzeichnet ist

> *„Der Sündenfall hat das genommen, was wir eigentlich waren und zu dem wir geschaffen wurden, und trennte diese Person von Gott und anderen Menschen. Die wahre Person in uns sehnt sich nach Beziehungen und Heilung, kann aber beides nicht erlangen,*

*bis sie Gnade und Wahrheit erfährt"* (Dr. Henry Cloud: *Changes That Heal*).

Beziehungen, die uns zum Positiven verändern, sind von einem Gleichgewicht von Gnade und Wahrheit gekennzeichnet. Nur im Schutz der Gnade können wir es wagen, aus unserem Versteck zu kommen und unsere Masken abzulegen, was auch – und gerade – in unseren Gemeinden so verbreitet ist. Und nur im Licht der Wahrheit können wir uns von unserem Selbstbetrug befreien lassen und Wege finden, um unser Leben anders zu leben – so, wie Gott es für uns geplant hat.

Gott hat unzählige Möglichkeiten, um mit der Botschaft von Wahrheit und Gnade zu uns durchzudringen. Er kannte auch genau die richtige Methode, um Ihre Aufmerksamkeit auf sich zu ziehen, nicht wahr? Oft wirkt er jedoch durch eine Gemeinschaft von fehlerhaften Menschen – eine Gemeinschaft, die Sie mit einschließt. Eine gefährliche Sache! Er traut uns zu, dass wir weise und angemessen handeln. Er vertraut darauf, dass wir in enger Verbindung mit ihm bleiben und auf seine Führung hören.

Wenn Gnade und Wahrheit sich frei entfalten können, entdecken Menschen das volle Potenzial des Lebens, wie Gott es geplant und wie Jesus es vorgelebt hat. In solchen Beziehungen wird stetiges Wachstum möglich. Selbst ein simpler Rat von Mensch zu Mensch bekommt hier einen tieferen Wert, denn wenn er in der Wahrheit gegründet ist, wird er eher das Ziel treffen, und wenn er aus Gnade entspringt, wird er eher angenommen.

Ist es ein Wunder, dass diese Art von Beziehungen nicht nur einzelne Menschen, sondern eine ganze Gemeinschaft verändern kann? Ganze Kirchen können fruchtbare „Mutterböden" für ein Leben werden, das Gott ehrt und keine Heuchelei kennt.

Aus diesem Grund sollte Ihre Gruppe an der Umsetzung von Gnade und Wahrheit arbeiten. Und darum sollen sich auch in Ihrem persönlichen Leben diese Wesensmerkmale manifestieren.

John Ortberg

# Geistliche Übung

Machen Sie weiter mit dem Versuch, Ihren Alltag im Namen Jesu zu leben. Seien Sie besonders aufmerksam für Gottes kleine Hinweise in Bezug auf Wahrheit und Gnade. Wenn Sie Familienmitgliedern, Freunden, Mitarbeitern und Fremden begegnen, könnten diese leisen „Schubser" des Heiligen Geistes zum Beispiel folgende Ideen in Ihnen wecken:

- Schreiben Sie jemandem eine kleine Notiz, in der Sie ihn/sie ermutigen.
- Seien Sie für jemanden da, der Schwierigkeiten im geistlichen Bereich seines Lebens hat.
- Bringen Sie liebevoll einen schwelenden Konflikt zur Sprache.
- Gehen Sie eine schwierige Situation mit einer guten Balance zwischen Wahrheit und Gnade an.
- Fangen Sie mit einem Nichtchristen ein Gespräch über Gott an.

Halten Sie Ihre Beobachtungen schriftlich fest: Wie reagierten die Leute in Ihrer Umgebung auf Ihre Versuche? Was geschah, als Sie versuchten, Gnade oder Wahrheit walten zu lassen? Welches von beiden fiel Ihnen leichter? Gab es Gelegenheiten, in denen Sie Empfänger dieser beiden wichtigen Elemente wurden? Wie haben Sie reagiert? Haben Sie das Gefühl, dass Gott Ihnen diese Woche etwas Bestimmtes zu zeigen versucht?

# Bibelstudium

1. Jesus wusste, wie man verstörten Menschen neue Sicherheit geben kann – und auch, wie man allzu sichere Menschen stören kann! Lesen Sie die folgenden Passagen und schreiben Sie nieder, auf welche Weise Jesus hier die Menschen, denen er begegnete, mit der Wahrheit konfrontierte oder ihnen Gnade erwies (oder beides).
   Johannes 8,3–11:

   Lukas 18,18–27:

   Markus 7,5–8:

   Lukas 7,36–50:

   Lukas 23,32.39–43:

2. Welches Muster können Sie in den verschiedenen Begegnungen entdecken? Was war die Wahrheit bei all den Menschen, die seine Gnade erfahren durften? In welchen Umständen und bei welchen Leuten sprach Jesus oft sehr provokative, harte Wahrheiten aus (vgl. Lk 18,9–14)?

3. Denken Sie an Ihre eigenen Verhaltensmuster im Umgang mit anderen Menschen. In welche Richtung tendieren Sie auf der Gnade/Wahrheit-Skala? Wie äußert sich diese Tendenz in
   - Ihrem Job:

   - Ihren Freundschaften:

   - Ihrer Kleingruppe:

   - Ihrer Beziehung zu Gott:

   - Ihrem Umgang mit sich selbst:

Vielleicht könnten Sie auch einige Ihnen nahe stehende Menschen nach deren Eindruck zu Ihrem Verhalten befragen.

4. Wenn Sie mehr zum gnaden-losen Die-Wahrheit-Sagen neigen, welche wichtigen „Gedächtnishilfen" finden Sie dann in den folgenden Versen?
   Epheser 4,32:



   Lukas 6,41–42:



   1. Thessalonicher 5,11.14:



5. Wenn Sie eher der gnaden-volle Typ sind, was haben Ihnen dann folgende Verse zu sagen?
   Lukas 17,3:



   2. Timotheus 1,7:

2. Timotheus 4,2:

6. Es heißt, es sei eine der schwierigsten Aufgaben, Recht zu haben, ohne verletzend zu sein. Lesen Sie bitte Epheser, Kapitel 4, Verse 15, 25 und 29–32, und behalten Sie dabei diese Einsicht im Hinterkopf. Was sind konkrete Möglichkeiten, wie man die Wahrheit – auch in heiklen Fragen – liebevoll ausdrücken kann? Wie kann man jemanden mit einem Fehlverhalten konfrontieren und trotzdem aufbauen? Vielleicht hilft es Ihnen, wenn Sie sich vorstellen, wie Sie sich als Betroffener eine solche Konfrontation wünschen würden.

7. Wer verkörpert für Sie am besten das Prinzip der Gnade? An wen wenden Sie sich, wenn Sie die Wahrheit hören wollen? Kennen Sie jemanden, der beide Anteile ausgewogen in sich vereint?

8. Wie sieht das in Ihrer Gruppe aus: Wie gut sind Sie alle darin, einander liebevoll zu begegnen? Und wie steht's mit der Wahrheit? Schätzen Sie beide Elemente auf einer Skala von 1–10 ein (1 = Wir haben nur geringe Fähigkeiten in diesem Bereich, daran müssen wir noch arbeiten; 10 = Darin sind wir großartig). Kommentieren Sie Ihre Eindrücke!

*Einheit 4*
*Gruppen*

# Persönliche Zusammenfassung

*Meine Zusammenfassung der Hauptaussagen dieser Einheit und mein persönlicher Eindruck:*

 Füllen Sie diese Seite erst *nach* Ihrer Gruppenstunde zu dieser Einheit aus!

# Persönliche Zusammenfassung

Einheit 5

# Gaben

# Einheit 5

# Gaben

Vor Jahren rief mein Großvater eines Tages meine Mutter an und fragte sie, ob sie Geschirr gebrauchen könne. Meine Großmutter war kurz zuvor gestorben und er hatte auf dem Speicher eine Kiste mit blau gemusterten Tellern und Tassen gefunden. Eigentlich hatte er vorgehabt, sie der Heilsarmee zu spenden, doch dann war ihm eingefallen, dass meine Mutter die Farbe Blau liebte und vielleicht Interesse daran haben könnte.

Meine Mutter fuhr in der Erwartung hin, ein paar hässliche alte Teller und angestoßene Tassen vorzufinden. Stattdessen entdeckte sie eine Kiste voll kostbarem, handgearbeitetem Porzellan mit einem zarten Blütenmuster, einem feinen Rand aus echtem Blattgold und Intarsien aus Perlmutt. Das Geschirr stammte aus einer Manufaktur in Bayern, die im 2. Weltkrieg zerstört worden war, und war daher wirklich wertvoll und unersetzlich. Und meine Mutter hatte es noch nie gesehen.

Gemeinsam mit meinem Großvater reimte sie sich schließlich die Geschichte zusammen, die sich hinter dem Porzellan verbarg: Meine Großmutter hatte schon als junges Mädchen immer wieder eine Tasse oder einen Teller des kostbaren Geschirrs als Aussteuer bekommen und über viele Jahre gesammelt. Das Geschirr war so wertvoll, dass sie es sorgfältig verpackt und auf die passende Gelegenheit gewartet hatte, um es einzuweihen. Doch scheinbar war kein Anlass wichtig genug und so hatte das schöne Porzellan „sein Leben" in einer hässlichen Kiste gefristet.

## Eine Gemeinschaft aus lauter Beschenkten

In der Bibel wird Gott als der größte Geber aller Gaben beschrieben: „Lauter gute Gaben, nur vollkommene Gaben kommen von oben, von dem Schöpfer der Gestirne" (Jak 1,17). Dort wird auch gesagt, dass Gott jedem, der zu ihm gehört, bestimmte geistliche Gaben geschenkt hat, die ihn befähigen, dem Leib Christi zu dienen, das heißt einen Dienst in der christlichen Gemeinschaft auszuüben. Paulus beschreibt diese geistlichen Gaben im 12. Kapitel des 1. Korinther-Briefes. Er erklärt, dass es eine Vielfalt von Gaben gibt, jedoch nur einen Heiligen Geist; eine Vielzahl von Diensten (das sind die Arten, wie die Gaben angewendet werden können), doch nur einen Herrn; eine Vielzahl von Ergebnissen, doch nur einen Gott. Besonders wichtig sind Paulus' Worte im Vers 7: „Doch an jedem und jeder in der Gemeinde zeigt der Heilige Geist seine Wirkung in der Weise und mit dem Ziel, dass alle etwas davon haben." In der Gemeinschaft der Kinder Gottes hat jeder Gaben, ob diese Talente nun offensichtlich oder eher unauffällig sind. Mit anderen Worten: Gott hat Sie zu einem Spezialisten in einem bestimmten Bereich des Dienstes gemacht, und er beruft Sie dazu, diese Begabung auch einzusetzen.

*Haben Sie Ihre Begabungen schon mal aus der Kiste geholt und entstaubt?*

In den Augen vieler Gemeindemitglieder sind immer noch der Pastor und vielleicht eine Hand voll Mitarbeiter die „Dienstleister". Diese Menschen haben vermeintlich eine besondere Beziehung zu Gott, die „gewöhnliche" Menschen nicht haben, und es ist daher ihre Aufgabe, die Gemeindearbeit zu erledigen. Diese Ansicht hat die moderne Kirche schwach und krank gemacht, die Pastoren und Mitarbeiter sind chronisch überarbeitet und unzählige Bedürfnisse können nicht gestillt werden.

Sehen Sie sich selbst als Mitarbeiter? Haben Sie Ihre Begabungen schon einmal aus der Kiste geholt und entstaubt? Setzen Sie sie ein? Das Wort „Gabe" hat etwas Passives, doch geistliche Gaben sind keine Option oder unnötiger Luxus. Sie sind überlebenswichtig für die Gesundheit und das Funktionieren der Kirche!

## Eine Gemeinschaft, die aus Dienern besteht

Wir müssen unsere Gaben nicht nur einsetzen, sondern wir sollen sie so einsetzen, wie Jesus sie anwenden würde – mit dem Herzen eines Dieners. Unsere geistlichen Gaben sind ein kostbarer Schatz – und doch ist es ein „Schatz in zerbrechlichen Gefäßen" (2 Kor 4,7). Wie das feine Porzellan meiner Großmutter sind unsere Gaben dazu gedacht, benutzt zu werden; doch schon die „Kisten" sind nicht in Ordnung. Konkurrenzdenken, Neid, Geltungsdrang und der Wunsch nach Anerkennung „beschädigen" uns, selbst (und manchmal besonders) wenn wir uns aufmachen, um uns für die Sache Gottes einzusetzen.

Nur wenn wir Jesu aufopferungsvollen Lebensstil durch die Kraft des Heiligen Geistes annehmen, können wir unsere Gaben so einsetzen, wie sie gedacht sind.

Biblische Gemeinschaft entsteht nur dann, wenn wir den Geber vor

*Einheit 5*
*Gaben*

Augen haben, während wir die Gabe ausüben. Aber wie kommen wir zu einer solchen dienenden Haltung, wo wir doch so sündig und selbstbezogen sind?

Es ist ein großes Paradoxon des Glaubens, dass die dienende Anwendung unserer Gaben uns dabei hilft, nach und nach auch das Herz eines Dieners zu entwickeln. Wir sind nicht nur zum Dienen berufen, weil die Kirche und die Menschen unsere Hilfe brauchen; wir sind dazu berufen, weil es gut für uns selbst ist! Dienerschaft ist eine kraftvolle Übung für die persönliche Veränderung.

## Gelegentliches Helfen oder Dienerschaft?

Sehen Sie sich die Szene einmal genauer an, die im Johannes-Evangelium, Kapitel 13, Verse 1 bis 17 beschrieben wird. Als sich die Jünger zum letzten Abendmahl versammelten, wollte Jesus mit ihnen über Dienerschaft sprechen. Während sie aufs Essen warteten, wussten sie, dass jemand mit dem Füßewaschen anfangen musste. Diese Rolle fiel eindeutig dem „Geringsten" zu. Die meisten von uns halten sich nicht für besonders wichtig, aber wir möchten auch nicht als der „Geringste" betrachtet werden. Und so saßen die Jünger mit schmutzigen Füßen da, bis Jesus die Wasserschale und das Handtuch nahm. Mit diesem einen Akt der Demut hat er für immer den Begriff „Größe" neu definiert.

Demut ist eine der Tugenden, die von Gott am meisten geschätzt werden. Und wenn wir demütiger werden möchten, ist Dienen die wichtigste und nützlichste Übung auf dem Weg.

Lesen Sie, was Richard Foster in seinem Buch „Nachfolge feiern" schreibt:

> *„Von allen klassischen geistlichen Übungen trägt das Dienen am meisten dazu bei, dass wir demütig werden. Nichts bezähmt die unpassenden Wünsche des Fleisches besser als Dienen, und nichts verändert sie so sehr wie Dienen im Hintergrund. Das Fleisch lehnt sich gegen den Dienst auf, doch gegen Dienst im Verborgenen wehrt es sich voller Inbrunst. Es streckt sich aus nach Ehre und Anerkennung [...]. Wenn wir uns standhaft weigern, dieser Lust des Fleisches nachzugeben, werden wir sie schließlich überwinden. Und jedes Mal, wenn wir das Fleisch überwinden, kreuzigen wir unseren Stolz und unsere Überheblichkeit."*

*Biblische Gemeinschaft entsteht nur dann, wenn wir den Geber nachahmen, während wir die Gabe einsetzen.*

*Reise zum Leben*
*Geistliches Training für Menschen wie du und ich*

Im Folgenden unterscheidet Foster ganz klar zwischen der grundsätzlichen Bereitschaft zum Dienen und bewusster Dienerschaft. Wenn wir grundsätzlich bereit sind zu dienen, sehen wir unseren Einsatz als gelegentliche Option. Wir haben die Sache voll im Griff; wir entscheiden, wem wir wann und unter welchen Bedingungen dienen. Manchmal tun wir große Dinge, um unser eigenes Geltungsbedürfnis zu befriedigen, manchmal niedere Arbeiten, um den Anschein von Demut zu erhalten. In jedem Fall ziehen wir uns ganz schnell zurück, wenn unsere Anstrengungen nicht adäquat geschätzt werden. Ironischerweise spaltet diese so genannte Dienerschaft oft die Gemeinschaft, die sie eigentlich aufbauen soll.

Im Gegensatz dazu schließt bewusste Dienerschaft eine Öffnung unseres ganzen Wesens für den Heiligen Geist ein. Wir lösen unseren Klammergriff um unser Kontrollbedürfnis. Große und kleine Taten werden mit der gleichen Freude vollbracht. Und obwohl wir uns natürlich freuen, wenn jemand uns lobt oder bestätigt, sind wir auch zufrieden, wenn nur ein Zuschauer von unserem Dienst weiß: Gott.

Wie Jesus es vorgelebt hat, gibt es auch Zeiten, in denen es richtig und notwendig ist, nicht selbst zu dienen, sondern sich dienen zu lassen. Manchmal kann es auch demütig machen, auf der Empfängerseite zu stehen und etwas zu benötigen. Doch der „Traktorstrahl" unseres Lebens sollte uns immer mehr dazu bringen, anderen zu dienen. Jesus beruft jeden von uns zu seinem Dienst und der kann manchmal im Füßewaschen bestehen. Und das hat genauso viel mit dem zu tun, was er *in* uns tut, wie mit dem, was er *durch* uns tut!

> Demut ist eine der Tugenden, die von Gott am meisten geschätzt werden.

John Ortberg

# Einheit 5
## Gaben

## Geistliche Übung

Arbeiten Sie weiterhin daran, jeden Tag bewusst in Jesu Namen zu leben. In dieser Woche sollten Sie sich dabei auf die Frage konzentrieren, was es heißt, ein Diener zu sein. Versuchen Sie, Ihre Neigung loszulassen, Zeit, Ort und Art Ihres Dienstes zu bestimmen. Öffnen Sie sich für das, wozu Gott Sie einsetzen möchte! Dies beschränkt sich übrigens nicht auf bestimmte Aktivitäten, die allgemein als „geistlich" gelten. Jeder Augenblick ist eine Gelegenheit, die dienende Haltung Jesu widerzuspiegeln. Hier ein paar Ideen:

- Beginnen Sie jeden Morgen damit, dass Sie Gott einladen, Sie an diesem Tag einzusetzen. Drücken Sie Ihren Wunsch aus, in seinem Namen ein Diener zu sein. Stehen Sie in ständiger Gebetsverbindung mit Gott, während Sie Ihren Tätigkeiten nachgehen.
- Stehen Sie zu Hause zur Verfügung. Suchen Sie nach Möglichkeiten, den Menschen zu dienen, mit denen Sie zusammenleben.
- Wenn Sie während des Tages mit jemandem reden, fragen Sie Gott gleichzeitig, wie Sie diesem Menschen in diesem Moment am besten dienen können. Braucht er/sie eine Ermutigung, ein offenes Wort oder Ohr? Hören Sie auf die Hinweise des Heiligen Geistes.
- Packen Sie Ihre Arbeit diese Woche an, als würden Sie sie direkt für Jesus tun. Geben Sie sich ganz hinein. Erweisen Sie einem Kollegen einen Dienst.
- Bitten Sie Gott, dass er in dieser Woche besonders an Ihren Gaben und Ihrer Bereitschaft zum Dienst in Ihrer Gemeinde arbeitet.
- Erweitern Sie Ihren persönlichen Horizont, indem Sie jemandem einen Dienst erweisen, den Sie schwierig finden oder nicht mögen.
- Engagieren Sie sich in verschiedenen „versteckten" Diensten. Schreiben Sie jemandem einen Brief, in dem Sie die Person

loben; machen Sie jemandem ein Geschenk, ohne sich zu erkennen zu geben; tun Sie jemandem einen Gefallen, aber lassen Sie ihn nicht wissen, dass Sie es waren.

Halten Sie schriftlich fest, wie diese Woche verläuft. Fühlten Sie sich anders als zuvor in Ihrem Leben? Wann hat Ihnen das Dienen besonders viel Spaß gemacht; wann fiel es Ihnen am schwersten? War es sehr schwierig für Sie, die Kontrolle über Ort, Art und Zeit des Dienstes an Gott abzugeben? In welcher Form hat das Bedürfnis nach Anerkennung sich zu Wort gemeldet?

*Einheit 5*
*Gaben*

# Bibelstudium

1. Denken Sie über die folgende Aussage nach: „Ich muss nicht der Größte sein – Hauptsache, ich bin nicht der Letzte!" Trifft das auch auf Ihr Lebensgefühl zu? Wie kann diese Einstellung Ihre Dienstbereitschaft beeinflussen?

2. Lesen Sie Matthäus 6, Verse 1–4 und vergleichen Sie die Stelle mit Matthäus 5, Verse 14–16. Was ist der Unterschied zwischen Selbstbeweihräucherung und einem angemessenen Bedürfnis nach Anerkennung?

3. Wann haben Sie am stärksten das Bedürfnis, dass Ihr Dienst bemerkt und anerkannt wird? Ist Anerkennung immer falsch? Warum oder warum nicht?

4. In Matthäus 20, Verse 25–28 spricht Jesus von unserer Aufgabe zu dienen und präsentiert sich als Vorbild. Was tun Menschen oft, das Jesus in dieser Passage verbietet? Nennen Sie eine Situation, in der Sie selbst in diese Falle getappt sind.

5. Was ist die Verbindung zwischen Dienerschaft und Demut (Mt 23,11–12)?

6. Beschreiben Sie eine Gelegenheit, bei der Sie sich zu einem gelegentlichen Dienst entschlossen haben (wie in der Einleitung beschrieben). Welche Einstellung und welches Verhalten haben diese Erfahrung charakterisiert?

Was war das Ergebnis? Denken Sie sowohl an diejenigen, denen Sie gedient haben, als auch an die Auswirkungen auf Sie selbst.

Beschreiben Sie nun eine Zeit, in der Sie sich selbst uneingeschränkt als Diener zur Verfügung gestellt haben. Welche Einstellungen und welches Verhalten haben Sie hier an sich bemerkt?

Was war das Resultat?

*Einheit 5*
*Gaben*

Welche konkreten Faktoren können Ihnen helfen, ein vom heiligen Geist geleiteter Diener zu sein, nicht nur ein „Gelegenheitshelfer"?

7. Lesen Sie im Philipper-Brief das Kapitel 2, Verse 1–11 und beantworten Sie bitte die folgenden Fragen dazu:
Was könnten „dieselbe Gesinnung" und „Eintracht", von denen Paulus hier spricht, zu Ihrer Fähigkeit zum Dienen beitragen?

Was ist Paulus' Hauptanliegen?

Jesus hat auf zwei sehr verschiedene Arten gelebt: Seine erhöhte Existenz im Himmel und sein demütiges, bescheidenes Leben auf der Erde. Wie kann uns die Betrachtung dieses Gegensatzes dabei helfen, bessere Diener zu werden (Verse 6–7; vgl. auch 2 Kor 8,9)?

Gibt es in Ihrem Leben eine Analogie zu diesen beiden Extremen?

Wenn Sie lesen, dass wir vielleicht eines Tages von Gott das Lob bekommen: „Sehr gut, du bist ein tüchtiger und treuer Diener" (Mt 25,21), und dies mit der Erhöhung Jesu in Philipper 2, Verse 9–11 vergleichen, motiviert Sie das dann dazu, anderen zu dienen?

*Einheit 5*
*Gaben*

# Persönliche Zusammenfassung

*Meine Zusammenfassung der Hauptaussagen dieser Einheit und mein persönlicher Eindruck:*

 Füllen Sie diese Seite erst *nach* Ihrem Gruppentreffen zu dieser Einheit aus!

Einheit 6

# Gute Haushalterschaft

# Einheit 6

## Gute Haushalterschaft

Wir sind alle Schatzsammler. Die Frage ist aber nicht, *ob* wir Dinge sammeln und schätzen, sondern *was* diese Dinge sind. In seinem Buch *It Was On Fire When I Lay Down On It* erzählt Robert Fulghum davon, wie er eine Lektion zum Thema „Schätze" gelernt hat.

Seine Tochter Molly, die gerade frisch eingeschult worden war, hatte es sich zur Gewohnheit gemacht, die Lunchpakete für ihre Brüder und ihren Vater zu packen. Eines Tages überreichte sie ihrem Papa gleich zwei Pakete: ein normales und eines, das mehrfach mit Geschenkpapier, Klebeband und Bändern verschnürt war. Er war in Eile und fragte daher nicht nach, was darin war.

Am Nachmittag verzehrte er hastig sein Mittagessen und riss bei der Gelegenheit auch Mollys gut gesichertes Sonderpaket auf. Heraus quollen zwei Haarbänder, drei kleine Steine, ein Plastikdinosaurier, ein abgebrochener Bleistift, eine winzige Muschel und noch einige weitere kindliche „Schätze".

Er fand dies niedlich, doch dann riefen die Geschäfte, und er warf gedankenlos den ganzen „Müll" in den Papierkorb: die Reste vom Mittagessen und Mollys Sachen. *Es ist ja nichts Wertvolles dabei*, dachte er.

Abends zu Hause entspann sich der folgende Dialog:

*„Wo ist mein Paket?", fragte Molly.*
*„Welches Paket?"*
*„Na, das, was ich dir heute früh mitgegeben hab!"*
*„Das habe ich im Büro gelassen. Warum?"*
*„Na ja, in dem Beutel sind meine Schätze, Papa, die Sachen, die ich am allerliebsten mag. Ich dachte, vielleicht willst du mal mit ihnen spielen, aber jetzt hätte ich sie gern zurück."*
*„Oh ..." (Und innerlich: „Oh-oh!!!!")*
*Molly hatte mir ihre Schätze anvertraut. Alles, was ein siebenjähriges Mädchen wirklich liebte, war in diesem Beutel gewesen. Und ich hatte es nicht verstanden. Ich hatte ihre Schätze in den Müll geworfen, weil ich gefunden hatte, dass „nichts Wertvolles" dabei gewesen war! Das war nicht das erste Mal (und leider auch nicht das letzte), dass ich das Gefühl hatte, mir sollte die Erlaubnis zum Papa-Sein entzogen werden!*

---

Wir sind alle Schatzsammler. Die Frage ist nicht, ob wir Dinge sammeln und schätzen, sondern was diese Dinge sind.

Noch am selben Abend raste Fulghum zurück ins Büro und kam gerade noch vor der Putzkolonne dort an. Er wühlte sich durch den Müll und suchte mühsam Mollys gesammelte Schätze zusammen. Am nächsten Tag gab er sie ihr zurück. Es gab keine Fragen und keine Erklärungen.
Damit schien die Sache mit den Schätzen erledigt zu sein – doch sie war es nicht!

> „Zu meiner Überraschung gab mir Molly einige Tage später noch einmal den Beutel mit. Derselbe mitgenommene Beutel. Dasselbe Zeug darin. Ich fühlte mich wunderbar. Mit war vergeben worden. Sie vertraute mir wieder. Ich fühlte mich geliebt. […]. Mehrere Monate lang bekam ich immer wieder einmal den Beutel mit, ohne dass ich je die Kriterien dafür durchschaute. Ich betrachtete es als eine Art Auszeichnung und strengte mich manchmal abends extra an, um den Beutel am nächsten Tag zu verdienen.
> Mit der Zeit wandte Molly ihre Aufmerksamkeit anderen Dingen zu und fand andere Schätze. Sie verlor das Interesse an unserem kleinen Spiel, sie wurde erwachsen ... und ich? Ich behielt den Beutel. Eines Morgens gab sie ihn mir und fragte nie wieder danach.
> Ich habe ihn heute noch. Er ist aus einer wunderbaren Zeit übrig geblieben, in der mein Kind zu mir sagte: ‚Hier, das ist das Kostbarste, was ich habe. Nimm es, ich vertraue es dir an!'"

*„Hier, das ist das Kostbarste, was ich habe. Nimm es, ich vertraue es dir an!"*

## Ihr Schatz und Ihr Herz

Unsere „Schätze" sind Dinge, denen wir großen Wert beimessen. Wir denken oft an sie. Wir mögen sie. Wir beschützen sie. Wir arrangieren unser Leben so, dass wir das bekommen und erhalten können, was wir schätzen.

Ich habe meinen eigenen „Schatzbeutel" und Sie auch. Sie entscheiden, was hineingehört. Vielleicht ist es ein Haus, ein Auto, Schmuck oder Kleidung. Vielleicht sind Ihre Schätze wirklich wertvoll, vielleicht würden sie aber auch einem anderen Menschen gar nichts bedeuten.

Jesus ermahnte uns, vorsichtig zu sein mit dem, was wir in unseren Beutel tun:

*Einheit 6*

*Gute Haushalterschaft*

> „Sammelt keine Schätze hier auf der Erde! Denn ihr müsst damit rechnen, dass Motten und Rost sie zerfressen oder Einbrecher sie stehlen. Sammelt lieber Schätze bei Gott. Dort werden sie nicht von Motten und Rost zerfressen und können auch nicht von Einbrechern gestohlen werden. Denn euer Herz wird immer dort sein, wo ihr eure Schätze habt" (Mt 6,19–21).

Was immer Sie in Ihren Beutel stecken – dort wird auch Ihr Herz sein! Jesus sagt das nicht, damit wir uns schlecht fühlen. Er stellt einfach die Tatsachen fest. Wenn Sie dem Schatz eines Menschen nahe kommen, sind Sie ganz nah an seiner Seele.

> Wenn Sie dem Schatz eines Menschen nahe kommen, sind Sie ganz nah an seiner Seele.

## Was ist Gott wertvoll?

Unser Ziel sollte sein, dass uns das wertvoll wird, was auch Gott wertvoll ist. Aber was ist das?
Im Buch Genesis wird immer wieder erwähnt, dass Gott Dinge erschafft und dann innehält, um sie anzusehen und festzustellen: „Es war gut." Doch als er Mann und Frau erschaffen hatte, heißt es: „Es war alles *sehr* gut."
Über allem anderen liebt und schätzt Gott die Menschen – die einzigen Geschöpfe, die nach seinem Bild geschaffen sind. Ihm ist unsere Individualität wertvoll, unsere Einmaligkeit – er schätzt jede Sprache, jede ethnische Gruppe, jede Kultur. Seine Liebe ist so umfassend, dass er seinen Sohn sandte, um für uns alle zu sterben. Ein Nachfolger Jesu zu sein bedeutet auch, Zuneigung zu den Menschen zu entwickeln, die Jesus so sehr liebte – besonders die Armen, die Hungrigen, die Machtlosen, die Opfer. Es bedeutet, unsere Liebe und Unterstützung unabhängig von Rasse oder Status zu gewähren. Es bedeutet, seine Gemeinde zu vergrößern, indem wir uns um die Menschen kümmern, die ihn noch nicht kennen, und ihnen die Gute Nachricht bringen.

## Das Herz offen legen

Wie unterscheidet sich das, was Gott wertvoll findet, im Moment von Ihren „Schätzen"? Wie nahe sind Sie daran, Gottes Prioritäten auch zu Ihren Prioritäten zu machen?
Um diese Frage möglichst objektiv zu beantworten, zumindest im

Bereich Ihrer finanziellen Möglichkeiten, werfen Sie doch einmal einen Blick auf Ihre letzten Kontoauszüge. Wofür geben Sie Ihr Geld aus? Fragen Sie sich bitte: „Reflektiert meine Art, mein Geld auszugeben, die Werte, die Jesus lebte und lehrte? Spiegelt meine Großzügigkeit sein Wesen wider? Bin ich im letzten Jahr knauseriger oder freigiebiger geworden?"

Jesus hat über Geld und Besitz mehr gesagt als über fast jedes andere Thema. Ihm war bewusst, dass die Einstellungen und Gewohnheiten eines Menschen in Bezug auf Geld ein direkter Ausdruck dessen sind, was diesem Menschen wichtig ist. Sie enthüllen auch Ihr Herz.

Doch es gibt noch eine Wahrheit über Schätze: Sie zeigen nicht nur, woran Ihr Herz hängt, sie formen es auch.

Von Natur aus wird unser Herz von Gier und Besitzdenken bestimmt. Wir werden bereits mit einem Greifreflex geboren, und „meins" ist eines der ersten Wörter, die ein Kind sagen kann. Wenn wir möchten, dass unsere Herzen nach dem Bild Gottes umgeformt werden, müssen wir sie „in Form bringen", indem wir regelmäßig Übungen durchführen, die uns fähig machen, das zu erreichen, was wir nicht aus Willenskraft allein tun können. Wir brauchen eine Übung, die uns dabei helfen kann zu sagen: „Heute lasse ich nicht zu, dass Geld mich beherrscht!"

Geld wegzugeben ist eine solche Übung. Einer der Hauptgründe dafür, dass Gott das Geben so wichtig ist, ist die Tatsache, dass regelmäßiges Öffnen unserer Hände und Weggeben von materiellen Dingen unser Herz weitet und formbar macht.

Jedes Mal, wenn Sie einen Scheck ausstellen, um Gottes Arbeit in der Welt zu unterstützen, erinnern Sie sich selbst daran, dass er auf dem Thron sitzt, nicht das Geld. Jedes Mal, wenn Sie Geld spenden, um Notleidende zu unterstützen, trainieren Sie sich darin, Gott zu vertrauen – auch, wenn das nicht leicht fällt oder ganz von allein geht. Jedes Mal, wenn Sie sich in einen Akt spontaner Großzügigkeit investieren, zeigen Sie, dass Gott Ihr „Schatz" ist, nicht Ihre Besitztümer.

## Lebensstandard oder „Gebensstandard"?

Das Leben in dieser Welt dreht sich größtenteils darum, unseren Lebensstandard zu verbessern. Doch beim Leben im Reich Gottes geht es darum, wie man seinen „*Gebens*standard" verbessert. Nicht,

*Einheit 6*
*Gute Haushalterschaft*

dass Gott Ihr Geld nötig hätte. Er will Ihr Herz, Ihre Liebe, Ihr Vertrauen. Das sind seine größten Schätze!

Am Ende steht eine Frage: Wenn Sie eines Tages mit Ihrem kleinen Beutel vor Gott stehen, werden Sie ihn ihm dann hinhalten und – was immer darin ist – sagen: „Hier, das ist mein Schatz. Nimm ihn – er gehört dir"?

Als Jesus am Kreuz hing, hat er genau das für Sie getan!

John Ortberg

> Das Leben in dieser Welt dreht sich größtenteils darum, unseren Lebensstandard zu verbessern. Doch beim Leben im Reich Gottes geht es darum, wie man seinen *„Gebens*standard" verbessert.

# Geistliche Übung

Nehmen Sie einen Geldschein aus Ihrem Portemonnaie. Jedes Mal, wenn Sie diese Woche einen solchen Schein in die Hand nehmen, halten Sie einen Moment inne und

- danken Sie Gott für die einfache Tatsache, dass er Ihnen Ihr Geld anvertraut hat.
- fragen Sie sich: „Wird das, wofür ich dieses Geld ausgebe, mich in ein tieferes Vertrauen zu Gott führen? Bringt es mein Herz näher an die Schätze Gottes, oder bin ich dabei, mich an andere Dinge zu binden?"
- wenn Sie Geld für sich selbst verwenden, auch wenn es sich nicht um ein „Muss" handelt, dann danken Sie Gott und sehen Sie Ihren Kauf als Erinnerung an seine Gnade.
- reflektieren Sie den Gedanken, dass Gott Ihnen vertraut. Er zählt darauf, dass Sie seine Ziele mit den Ressourcen unterstützen, die er Ihnen anvertraut hat. Er würde Sie nie zwingen, aber er wünscht sich, dass Sie die Hände öffnen und bereitwillig mit anderen teilen.

Wenn Sie diese Woche Ihren Tätigkeiten nachgehen, achten Sie auf die Gespräche – Ihre eigenen und die der Menschen um Sie herum. Welche Einstellungen zu materiellen Dingen kommen darin zum Ausdruck? Wie oft werden Besitztümer mit Erfüllung gleichgesetzt? Wie viel Energie wird auf Autos, Kleidung, Häuser oder andere Statussymbole verwendet? Halten Sie Ihre Beobachtungen fest.

*Einheit 6*

*Gute Haushalterschaft*

# Bibelstudium

1. Im Matthäus-Evangelium, Kapitel 13, Verse 44–46 erzählt Jesus zwei Gleichnisse – eines vom Schatz im Acker und eines von einer kostbaren Perle. Lesen Sie beide Parabeln sorgfältig durch. Welche Gemeinsamkeiten haben sie?

   Haben die beiden Männer Opfer gebracht und etwas investiert? Erläutern Sie Ihre Antwort.

> Diese beiden Gleichnisse Jesu werden oft als Beispiele für Selbstaufgabe und Opferbereitschaft missverstanden. Doch damit verfehlt man den eigentlichen Punkt. Die beiden Geschichten sind kein Aufruf zu Heldentaten; sie sind einfache Aussagen über die Relativität des Wertes von Dingen. Das Reich Gottes ist der „Kauf Ihres Lebens". Jeder vernünftig denkende Investor würde für ein solches Angebot sofort seine anderen Posten auflösen. Um es mit den Worten des Autors Randy Alcorn zu sagen: „Das ist, als könnte ein Kind ein Fahrrad für ein Päckchen Kaugummi bekommen oder einem Mann würde eine Cola-Fabrik im Austausch für einen Kasten Leergut angeboten." John White sagt über den Händler aus dem Gleichnis von der kostbaren Perle: „An seinem Opfer ist nichts Edles. Er wäre dagegen ausgesprochen dumm gewesen, dieses Opfer nicht zu bringen [...]. Jeder würde ihn um sein Glück beneiden und ihn nicht für seine Geistlichkeit, sondern für seinen gesunden Menschenverstand loben."

Denken Sie, dass das Reich Gottes es wirklich wert ist, alles dafür aufzugeben?

Wie würde sich Ihr Lebensstil – besonders Ihr Umgang mit materiellen Ressourcen – ändern, wenn Sie das wirklich glauben würden?

2. Die Bibel verlangt nicht von uns, dass wir buchstäblich alle Besitztümer verkaufen, um Jesus nachzufolgen. Wenn Sie die folgenden Verse daraufhin überprüfen, was möchte Gott wirklich von uns?
Deuteronomium 8,6–18:

1. Timotheus 6,6–10:

1. Timotheus 6,17–19:

Hebräer 13,5:

*Einheit 6*
*Gute Haushalterschaft*

3. Die Bibelstelle in 2 Korinther, Kapitel 9, Verse 6–15 ist der klassische Text zum Thema Geben. Lesen Sie ihn durch und fassen Sie die Prinzipien und Zusagen zusammen, die mit dem großzügigen Geben in Zusammenhang stehen.
   Prinzipien (warum geben, wie usw.):

   Zusagen (Folgen großzügigen Gebens):

   In welcher Hinsicht haben Sie schon etwas von diesen Wahrheiten erlebt?

4. In der Einleitung zu dieser Einheit heißt es, dass unser Umgang mit unseren Besitztümern zeigt, woran unser Herz hängt, und es formt. Wenn Sie einen ehrlichen Rückblick über das letzte Jahr halten, was sagen dann Ihre materiellen Schätze über den Zustand Ihres Herzens aus?

   Inwiefern haben Ihre Schätze Ihr Herz geformt – im positiven oder negativen Sinne?

5. Wie können die Worte Jesu aus dem Matthäus-Evangelium, Kapitel 25, Verse 34 bis 40 Ihnen dabei helfen herauszufinden, was Ihnen wirklich im Leben das Wichtigste ist?

6. Was bedeutet es für Sie in Bezug auf Geld und Besitztümer, sich seiner Herrschaft zu unterstellen und zu tun, was er verlangt (vgl. Mt 6,33)?

   Fassen Sie die Zusage im letzten Teil von Vers 33 in eigenen Worten zusammen.

   Wenn Sie auf einer Skala von 1 bis 10 festlegen sollten, wie sehr Sie wirklich an diese Zusage glauben, wo würden Sie dann liegen?

7. Lesen Sie noch einmal, was Robert Fulghum über seine Tochter Molly schrieb, die ihm ihre ganzen Schätze anvertraute: *„Hier, das ist das Kostbarste, was ich habe. Nimm es, ich vertraue es dir an!"*

*Einheit 6*

*Gute Haushalterschaft*

Stellen Sie sich vor, dass Jesus diese Worte zu Ihnen sagt, während er am Kreuz hängt. Welche Gedanken und Gefühle löst das in Ihnen aus?

Wie schwer würde es Ihnen fallen, dieselben Worte auch zu ihm zu sagen, während Sie alles vor ihm ausbreiten, an dem Sie hängen?

*Reise zum Leben*
*Geistliches Training für Menschen wie du und ich*

# Persönliche Zusammenfassung

*Meine Zusammenfassung der Hauptaussagen dieser Einheit und mein persönlicher Eindruck:*

Füllen Sie diese Seite erst *nach* Ihrem Gruppentreffen zu dieser Einheit aus!

Einheit 7

„Wir kennen
ihn gut ..."

# Einheit 7

# „Wir kennen ihn gut ..."

Mit dieser Einheit schließt sich der Kreis und wir kommen zur Eingangsfrage zurück: „Was bedeutet es, wahrhaft geistlich zu leben?" Was heißt es, „zuerst nach dem Reich Gottes zu trachten" (Mt 6,33; Luther)?
Antwort: Einfach ausgedrückt bedeutet es, in reicher Gemeinschaft mit dem Vater zu leben – seine Liebe in uns aufzunehmen, seine Geschenke, seine Kraft. Dann sollen wir als dankbare Antwort nach dem streben, was er will, als wertvoll erachten, was er als wertvoll erachtet, und so leben, wie er leben würde, wenn er an unserer Stelle wäre. Spiritualität ist kein Teilbereich unseres Lebens, sondern lebt in jeder Beziehung, jedem Gefühl, jeder täglichen Erfahrung, von den bedeutendsten Ereignissen bis hin zu vermeintlichen „Alltäglichkeiten".

> Spiritualität ist kein Teilbereich unseres Lebens, sondern lebt in jeder Beziehung, jedem Gefühl, jeder täglichen Erfahrung, von den bedeutendsten Ereignissen bis hin zu vermeintlichen „Alltäglichkeiten".

## Eine erinnernswerte Geschichte

In seinem Buch *Windows Of The Soul* („Fenster der Seele") erzählt Ken Gire von einem Mann, der dieses Ideal lebte: Obwohl zeitlich und örtlich weit von uns entfernt, verkörpert das Leben dieses Mannes all das, was jedem geschehen sollte, der dem Meister zu folgen versucht:

> *„Er war ein englischer Missionar in Indien, dessen Organisation verlangte, dass er detailliert über seine Finanzen Buch führte. Dafür hatte er überhaupt kein Talent. Er hatte keine entsprechende Ausbildung; nur eine Berufung, Missionar zu sein. Folglich geriet seine Buchführung immer durcheinander und schließlich wurde er entlassen. Er sei nicht geeignet für die Missionsarbeit, hieß es. Dabei war er in Wirklichkeit nur nicht geeignet, als Buchhalter zu arbeiten. Er verschwand, und niemand wusste, wo er steckte.*
> *Jahre später besuchte eine Missionarin ein abgelegenes Dschungeldorf, um den Menschen dort von Jesus zu erzählen. Sie berichtete von seiner Freundlichkeit und seiner Liebe zu den Armen und Ausgestoßenen, mit denen er aß und die er besuchte, wenn sie krank waren, sie versorgte und ihre körperlichen und*

> *seelischen Wunden verband. Sie erwähnte auch, wie sehr die Kinder ihn liebten und er sie.*
> *Die Augen der Dorfbewohner leuchteten erkennend auf und einer von ihnen sagte: ‚Memsahib, wir kennen ihn gut! Er lebt seit vielen Jahren hier bei uns.'*
> *Als die Menschen die Missionarin zu dem Mann brachten, war es derjenige, der vor Jahren von der Missionsgesellschaft entlassen worden war. Er hatte sich in dem Dorf niedergelassen und seine Arbeit getan, unbehelligt von jeder Tyrannei der Buchhaltung. Wenn jemand krank war, besuchte er ihn und wartete die ganze Nacht vor der Hütte, falls er etwas brauchte. Wenn jemand verletzt war, pflegte er dessen Wunden. Für Alte und Gebrechliche holte er Wasser und Essen. Als im Dorf die Cholera ausbrach, ging er von Hütte zu Hütte und tat, was er konnte, um zu helfen. Ich frage mich, wie das wäre, wenn jemand in unser ‚Dorf‘, in unsere Nachbarschaft ziehen und den Leuten dort Jesus beschreiben würde. Würde wohl jemand von den Zuhörern sagen: ‚Ja, wir kennen ihn gut; er lebt seit vielen Jahren hier!'?"*[1]

> **Kann jemand, der sich ernsthaft als Christ bezeichnet, wirklich davon ausgehen, dass Jesus Ausnahmen macht und es Menschen gibt, die es nicht nötig haben, ihn in allem nachzuahmen?**

War die Berufung dieses Missionars wirklich so viel anders als unsere? Auch wir sollen die Liebe Jesu verkörpern. Kann jemand, der sich ernsthaft als Christ bezeichnet, wirklich davon ausgehen, dass Jesus Ausnahmen macht und es Menschen gibt, die es nicht nötig haben, ihn in allem nachzuahmen? Der Missionar in dieser Geschichte wusste, dass Gottes Liebe durch ihn hindurchscheinen musste – durch seine Taten. Wir sollten zu demselben Schluss kommen. Die Zeit, der Ort und die Umstände sind bei uns sicherlich anders, aber nicht unsere Herzen! Und wenn wir tatsächlich so leben wie Jesus, ist auch der Effekt derselbe. Es ist wirklich möglich, so zu leben! Und es sollte eigentlich nicht einmal so außergewöhnlich sein. Eigentlich ist ein solches Leben die natürliche Folge des übernatürlichen Wirkens Jesu im Leben von ganz normalen Menschen, die jeden Tag üben, mehr wie er zu werden.

Einer Sache können Sie sich ganz sicher sein: Niemand driftet zufällig in eine so vollkommene Hingabe. Die täglichen Anforderungen ziehen uns ständig in die entgegengesetzte Richtung. Es braucht einen bewussten Entschluss, um sich den Übungen, Erfahrungen und Beziehungen zu widmen, die uns in Jesu Richtung drängen und uns befähigen, das zu tun, was wir nicht schaffen können, indem wir uns nur mehr Mühe geben. Doch wenn wir sie kreativ und freudig angehen, bedeuten diese Übungen keine Last, sondern führen uns

zu dem, was Gott sich für uns wünscht: echtes Leben – Leben, das diesen Namen auch verdient! Freies, intensives, fruchtbringendes, überfließendes Leben!
Jesus lädt Sie ein, diese Art von Leben in seinem Königreich zu erfahren. *Das* ist das Ziel echter Spiritualität. Und wie die „kostbare Perle" ist es jede Anstrengung wert!

Laurie Pederson & Judson Poling

---

[1] Aus: Ken Gire: *Windows of the Soul.* Zondervan Publishing House 1986.

# Geistliche Übung

Denken Sie noch einmal über die Frage nach, die Ken Gire aufgeworfen hat:

> „Ich frage mich, wie es wäre, wenn jemand in unser ‚Dorf‘, in unsere Nachbarschaft ziehen und den Leuten dort Jesus beschreiben würde. Würde wohl jemand von den Zuhörern sagen: ‚Ja, wir kennen ihn gut; er lebt seit vielen Jahren hier!'?"

Denken Sie bitte in der folgenden Woche immer wieder über diese Fragestellung nach. Machen Sie sie sich immer wieder bewusst, wenn Sie mit Familienmitgliedern, Freunden, Kollegen und Nachbarn oder mit völlig Fremden sprechen.
Sehen die Menschen um Sie herum an Ihnen ein Leben, das an Jesus erinnert? Wie wahrscheinlich ist es, dass sie auf Grund ihrer Erfahrungen mit Ihnen sagen würden: „Wir kennen Jesus gut!"?

*Einheit 7*

*„Wir kennen ihn gut…"*

## Bibelstudium

1. Im Galater-Brief, Kapitel 5, Verse 22–23 beschreibt Paulus ein fruchtbares geistliches Leben. Lesen Sie die Stelle aufmerksam durch und zählen Sie hier alle beschriebenen „Früchte" auf:

   Notieren Sie bitte hinter jeder Frucht eine kurze Definition oder Umschreibung. Benutzen Sie dazu Ihre eigenen Worte, ziehen Sie aber auch ein Wörterbuch zu Rate.

2. Wenn Sie die letzten Monate Ihres Lebens betrachten, welche der erwähnten Früchte sind in dieser Zeit am deutlichsten zu Tage getreten?

   Welche waren am wenigsten ausgeprägt?

3. Das Ziel geistlichen Lebens ist es, Jesus näher kennen zu lernen und immer mehr so zu leben, als sei er an Ihrer Stelle. Wenn Sie dieses Ziel auf seine Essenz reduzieren, wenn Sie bis zu seinem Herzen vorstoßen, werden Sie immer Liebe finden. Lesen Sie die Bibelstelle im 1. Johannes-Brief, Kapitel 3, Verse 11–24. Fassen Sie alle Möglichkeiten zusammen, wie sich Liebe ausdrücken kann, wenn Sie Jesus nachahmen.

4. Eine der bekanntesten Bibelstellen findet sich in 1. Korinther, Kapitel 13, Verse 1–13. Nehmen Sie sich die Zeit, die Passage gründlich durchzulesen. Wenn Sie in den Versen 4 bis 7 das Wort „Liebe" durch den Namen „Jesus" ersetzen würden, wäre die Stelle noch genauso wahr. Schreiben Sie diese Verse hier auf und setzen Sie Ihren Namen statt der „Liebe" ein.

*Einheit 7*

*„Wir kennen ihn gut ..."*

Spüren Sie dem Geschriebenen im Geiste nach. Was sagen Ihnen Ihre Gefühle über Ihr momentanes „Liebesleben"? Ist Ihre Liebesfähigkeit größer oder kleiner geworden? Warum?

5. Wie tief haben Sie Gottes Liebe in letzter Zeit gespürt?

Worauf führen Sie das zurück?

6. Wenn Sie noch einmal die Fragen 1 bis 5 betrachten, was sagen Ihre Antworten über den Zustand Ihres geistlichen Lebens aus?

Welche Veränderungen halten Sie für notwendig?

7. Halten Sie einen Rückblick über die bisherigen Einheiten. Greifen Sie mindestens ein Highlight aus den Einleitungen, der Übung oder dem Bibelstudium heraus, einen Aspekt, den Sie gern in Erinnerung behalten wollen, und listen Sie diese hier auf:

Einheit 1:

*Reise zum Leben*
*Geistliches Training für Menschen wie du und ich*

Einheit 2:

Einheit 3:

Einheit 4:

Einheit 5:

Einheit 6:

8. Welche Themen würden Sie gern noch vertiefen, entweder weil noch Fragen offen sind oder weil Sie den Punkt dauerhafter in Ihrem Herzen und Ihrem Leben verankern möchten?

9. Was könnten Ihre Freunde und Gruppenmitglieder tun, um Ihnen auf Ihrer geistlichen Reise weiterzuhelfen?

Was könnten Sie für die anderen tun?

*Einheit 7*
*„Wir kennen ihn gut …"*

# Persönliche Zusammenfassung

*Meine Zusammenfassung der Hauptaussagen dieser Einheit und mein persönlicher Eindruck:*

 Füllen Sie diese Seite erst *nach* Ihrem Gruppentreffen zu dieser Einheit aus!

# Tipps für Gruppenleiter

## „Täter des Wortes"

Einer der Gründe, warum Kleingruppen so effektiv sind, ist die Tatsache, dass Menschen es mit einem Gegenüber zu tun haben, sich einbringen können und nicht nur passiv zuhören müssen. *Gottes Wahrheiten können nur in dem Maß Veränderung bringen, wie sie aufgenommen und absorbiert werden.* Genau wie nicht gegessenes Essen uns nicht ernähren kann, kann auch die Wahrheit „draußen" – in einem Buch oder einer Predigt – keine Wirkung zeigen, wenn sie nicht „verdaut" wird. Selbst „abbeißen und kauen" genügt noch nicht, die Wahrheit muss geschluckt und in jede Zelle unseres Körpers transportiert werden, um wahrhaft Leben spenden zu können.

Die geistliche Veränderung, nach der wir uns sehnen, kann nur eintreten, wenn Menschen die Wahrheit hören und sie zu einem Bestandteil ihres Lebens machen. Ein Buch über Fitness zu lesen macht noch keinen Waschbrettbauch; nur die Sit-ups selbst bringen Muskeln hervor! Darum präsentieren wir in jeder Einheit geistliche Übungen, die die Wahrheit praktisch werden lassen. Die Teilnehmer sollen auch die Bibel (hoffentlich) in Ruhe für sich lesen und sorgfältig über den Inhalt der jeweiligen Passagen nachdenken. Die abschließende Gruppendiskussion soll helfen, die Wahrheiten tief in den Herzen der Teilnehmer zu verankern.

Dieses Arbeitsheft ist kein Fernkurs, sondern als persönliche und gemeinsame Erfahrung gedacht, um Christen zu helfen, einen Zugang zu ihrem geistlichen Leben zu finden, der sie wirklich weiterbringt. Wir wissen, dass verschiedene Menschen unterschiedliche Lernstile haben. Deshalb haben wir versucht, möglichst vielfältige Möglichkeiten des Lernens anzubieten. Ein besonders wichtiger Lernschritt ist es, in einer Gruppe zusammenzukommen und eigene Gedanken und Erfahrungen in Worte zu fassen und auszutauschen.

## Keine starre Methodik

Man kann beim Einsatz von Kleingruppen-Materialien unterschiedlich vorgehen. Eine Art des Zugangs besteht darin, dass die Teilnehmer systematisch alle Fragen durchgehen und diskutieren. Natürlich ist eine solche Vorgehensweise völlig in Ordnung, aber sie kann leicht langweilig werden. Unsere Unterlagen schließen daher auch ein persönliches Studium ein, aber es muss nicht unbedingt *alles* besprochen werden, was darin vorkommt. Stattdessen sollten die Leiter das Gespräch so führen, dass die Gruppe zum Kern des Themas vordringt, statt nur vorgeschriebene Antworten herunterzubeten. Das kann zuerst zu einigen Verwirrungen führen, weil die Teilnehmer die Lücken in der Erwartung ausgefüllt haben, dass jede Antwort zur Sprache kommt, und das in der richtigen Reihenfolge. Stattdessen sollten Sie als Leiter Fragen stellen, die zwar auf dem persönlichen Bibelstudium *basieren*, aber nicht unbedingt identisch mit ihm sind. Wir sind der Meinung, dass auf diese Weise die persönliche Arbeit angeregt wird, ohne dass die Gruppentreffen langweilig werden.

Sie sollten sich ebenfalls klarmachen, dass Sie unmöglich alle Fragen und Anregungen abdecken können, die während des Wochenthemas aufkommen. Wir haben Ihnen mehr Diskussionsmaterial gegeben, als Sie verarbeiten können – aber nicht, um Sie zu frustrieren, sondern damit Sie eine Auswahl haben. Sie müssen jedes Treffen individuell auf die Bedürfnisse und Anliegen Ihrer Teilnehmer abstimmen!

Es mag Abende geben, bei denen jede einzelne Frage genau auf Ihre Gruppe passt und alles gleich wichtig erscheint. Wenn das so ist, splitten Sie die Einheit einfach in zwei Treffen auf, damit Sie genügend Zeit zum Austausch haben. Der Sinn dieses Buches ist geistliches Wachstum, nicht der termingerechte Abschluss!

Für die letzte Einheit empfehlen wir Ihnen, mit der Gruppe übers Wochenende in ein Freizeitheim etc. zu fahren, damit Sie mit viel Zeit alles noch einmal reflektieren können und gleichzeitig noch ein schönes abschließendes Gemeinschaftserlebnis haben.

## Auf die Plätze, fertig ...

Um sich auf ein Treffen vorzubereiten, sollten Sie als Leiter die Einheit zunächst einmal komplett durcharbeiten und sich dabei die Fragen anschauen, die wir für Sie speziell vorbereitet haben. Wenn Sie sich Ihre Teilnehmer vor Augen halten und die Zeit bedenken, die Ihnen für die Diskussion zur Verfügung steht, welche der Fragen sind dann am sinnvollsten und passen am besten? Fallen Ihnen vielleicht andere Fragen ein, die besser zum Ziel führen? Wir haben versucht, die Kernaussagen der Einheit herauszuarbeiten, aber vielleicht möchten Sie einen bestimmten Aspekt vertiefen oder weglassen. Passen Sie ruhig alles den Bedürfnissen und Besonderheiten Ihrer Gruppe an.

Wie schon erwähnt, müssen Sie das Material vielleicht schon allein aus zeitlichen Gründen modifizieren. Auf keinen Fall sollten Sie eilig durch die Fragen hetzen, nur um alle abzuhandeln. Noch einmal: Es geht in den Einheiten nicht darum, alle Fragen gestreift zu haben, sondern zum Kern des Themas vorzudringen. Als kleine Anleitung dazu sollen die „Fokus"-Aussagen am Anfang und die „Kernaussagen" am Ende der Leiter-Einheiten dienen. Sie sind unser Versuch, unsere Hauptpunkte zusammenzufassen. Wenn Ihre Diskussion in die grobe Richtung dieser Punkte geht, sind Sie auf dem richtigen Weg!

## Leiter, nicht Guru

Jetzt noch ein Wort zu Ihrer Rolle als Leiter. Wir glauben, dass es in Kleingruppen einen Verantwortlichen geben sollte. Ohne Moderation gleitet eine Diskussion leicht ab. Doch es gibt noch einen weiteren wichtigen Grund, warum jemand die Gruppe leiten sollte. Dieses Arbeitsbuch hat geistliches Wachstum zum Ziel – das Reich Gottes in unserem Leben. Eines der größten Geschenke, die Sie einem anderen Menschen machen können, ist, seinem geistlichen Leben Aufmerksamkeit zu schenken. Als Leiter dienen Sie den anderen Teilnehmern, indem Sie ihren Fragen und Kommentaren aufmerksam zuhören und feststellen, wo sie sich auf ihrer geistlichen Reise befinden. Ihre Beobachtungen sind ein wertvoller Beitrag zu ihrer geistlichen Entwicklung. Ihre Aufmerksamkeit, Ihre Gebete und Ihre Einsicht sind wertvolle Gaben, die anderen Menschen zum Segen werden können. Sie verschenken diese Gaben. Sie können diesen Segen spenden.

Wir Menschen brauchen in geistlichen Dingen dringend Klarheit. Jemand muss den Nebel wegpusten, der sich um die Vorstellung von geistlichem Leben gebildet hat, und den Gläubigen konkrete Anleitung geben, wie es wirklich aussehen kann. Geistliches Leben ist einfach das Leben, so einfach ist das. Nachfolger Jesu sollten Gott an allen Aspekten ihres Lebens teilhaben lassen, auch an den vermeintlich langweiligen und alltäglichen. Damit verbringen wir sowieso den Großteil unserer Zeit, und darum sollten wir sie mit Gott teilen. Tun wir das nicht, wird unser „christliches Leben", losgelöst vom Alltag, zusammenhanglos und unglaubwürdig. Wir sollten unser Leben „ent-teilen" und es ohne Grenzen ganz frei mit Gott zusammen verbringen.

Mit diesen Hinweisen möchten wir Sie als Gruppenleiter ermutigen, das Ziel nicht aus den Augen zu verlieren. Sie sind derjenige, der beobachtet, wie es den Leuten in Ihrer Gruppe geht. Sie sind derjenige, der die Türen enthüllt, durch die die Teilnehmer Gott noch nicht hindurchgelassen haben; der die toten Winkel sieht, die sie selbst nicht erkennen; der immer wieder auf Gottes unendliche Liebe und Geduld hinweist, der nicht aufhören wird, an uns zu arbeiten, bis sein Werk vollendet ist (vgl. Phil 1,6). Sie werden mit Gott vermutlich so manches Gespräch unter vier Augen über die Teilnehmer Ihrer Gruppe führen. Neben Ihrer direkten Leitungsfunktion in den Gruppentreffen ist dies Ihr wichtigster Beitrag zur Lebensveränderung Ihrer Freunde. Deshalb treffen Sie sich schließlich alle – um gegenseitig zu beobachten, wie Sie Jesus ähnlicher werden. Wenn Sie als Moderator durch die Treffen führen statt als Belehrender und als Zuhörer statt als jemand, dem zugehört werden sollte, werden Sie genau das erleben!

*Tipps für Gruppenleiter*
*Einheit 1*

## Einheit 1:

# Was ist echte Spiritualität?

*Fokus:* Die Teilnehmer sollen verstehen, dass echte Spiritualität bedeutet, immer enger mit Jesus befreundet zu sein und so zu leben, als wäre er an unserer Stelle.

Denken Sie daran, dass die folgenden Fragen nicht exakt mit denen der Teilnehmer korrespondieren. Sie sollen nicht einfach das abfragen, was die Teilnehmer aufgeschrieben haben – das würde wahrscheinlich bestenfalls in einer ausgesprochen gezwungenen Unterhaltung enden. Verwenden Sie lieber bestimmte Fragen (auch eigene) dazu, eine wirkliche Diskussion anzuregen; so bringen Sie in jedes Treffen eine neue Perspektive.

1. Lesen Sie noch einmal das Zitat von Dallas Willard laut vor:

   *Wie viele Menschen fühlen sich radikal und anhaltend durch Christen abgestoßen, die gefühllos, steif, unnahbar, langweilig, leblos, zwanghaft und unzufrieden sind? Und doch gibt es überall solche Christen, und was diesen Menschen fehlt, ist das Leben in Fülle, das aus einer Ausgewogenheit und Freiheit durch Gottes liebevolles Gesetz entspringt […]. Falsch verstandene und praktizierte Spiritualität ist einer der Hauptgründe für menschliches Elend und Rebellion gegen Gott.*

   Was sind Anzeichen dafür, dass eine Person sich in eine falsch verstandene „Geistlichkeit" investiert?

 Die Teilnehmer werden vermutlich eines oder mehrere der auf der folgenden Seite aufgeführten Anzeichen nennen. Nicht genannte Beispiele können Sie noch anfügen.

> - Das geistliche Leben und das „normale" Leben sind voneinander getrennt.
> - Eine künstliche, „menschelnde" Geistlichkeit kommt zum Ausdruck.
> - Geistliche Übungen werden als eine Art Wettbewerb gesehen.
> - Biblisches Wissen wird angehäuft, ohne dass es Auswirkungen auf das Leben der Person hat.
> - Bestimmte negative Angewohnheiten oder Verhaltensweisen werden unterbunden, ohne dass eine innere Veränderung geschieht (Beispiel: Jemand hört auf zu fluchen, verbreitet aber weiterhin Klatsch oder Halbwahrheiten; jemand besucht eifrig alle Gemeindeveranstaltungen, behandelt aber seinen Ehepartner gleichbleibend lieblos; jemand verbrennt alle Porno-Magazine, denkt aber trotzdem ständig nur an „das Eine").

2. *(bezieht sich auf Frage 4 des Bibelstudiums)* Inwiefern seid ihr schon in diese Falle der falsch verstandenen Geistlichkeit getappt? Was war das Resultat?

3. Was empfindet ihr, wenn ihr die folgende Definition von geistlichem Leben lest: *„Wahre Geistlichkeit bedeutet, immer enger mit Jesus befreundet zu sein und so zu leben, als wäre er an unserer Stelle"*? Wie hat das Bibelstudium eure Meinung über diese Definition beeinflusst?

4. *(bezieht sich auf Frage 7 des Bibelstudiums)* Wie sieht es vor dem Hintergrund dieser Definition mit eurer geistlichen „Gesundheit" aus?

5. Wie erging es euch mit der geistlichen Übung? War sie einfach, frustrierend, schön, verwirrend? Gab es Zeiten, in denen alles richtig gut geklappt hat? Wann ist etwas völlig schief gegangen? Was habt ihr aus dieser Erfahrung gelernt?

6. Welche Auswirkungen hatte das Bibelstudium auf euren Versuch, jeden Tag im Namen Jesu zu leben?

7. Wenn es einen Bereich gibt, in dem ihr „Jesus dichter auf den Fersen sein" müsstet, welcher wäre das?

*Persönliche Zusammenfassung:* Am Schluss jedes Treffens sollten noch ein paar Minuten Zeit sein, in denen die Teilnehmer das leere Blatt mit der Überschrift „Persönliche Zusammenfassung" ausfüllen können. Sie sollen dort die Einheit mit eigenen Worten zusammenfassen und die Essenz für sich festhalten. Sagen Sie den Teilnehmern nicht, was sie aufschreiben sollen. Nachher sollten alle sich noch kurz über das austauschen, was sie geschrieben haben. Wenn Sie das Gefühl haben, dass die Gruppe den eigentlichen Punkt des Treffens missverstanden hat, sollten Sie das klarstellen und ihn eventuell beim nächsten Treffen noch einmal aufgreifen.

*Kernaussage:* Geistliches Leben darf nicht starr oder in Einzelteile zerlegt sein. Unser ganzes Leben ist interessant und wertvoll für Gott. Nach dem Vorbild Jesu zu leben heißt, ihn immer besser kennen zu lernen und immer mehr so zu leben, wie er es an unserer Stelle tun würde.

*Reise zum Leben*
*Geistliches Training für Menschen wie du und ich*

## Einheit 2:

# Gnade

*Fokus:* Es geht darum zu verstehen, dass Gottes Gnade nicht nur die Basis für die Vergebung unserer Schuld ist, sondern für jeden Aspekt des Lebens mit ihm.

1. Was war euer persönliches Highlight aus der geistlichen Übung dieser Woche, in der ihr versucht habt, bewusst in der Gnade Gottes zu leben?

2. Im Gleichnis vom verlorenen Sohn hat der Vater zwei sehr verschiedene Söhne. Inwiefern haben sie beide ihren Vater verlassen?

 Der eine Sohn entfernte sich räumlich von ihm, was letztlich zu Reue und Umkehr führte. Der andere Sohn blieb zwar auf dem „Grund und Boden" des Vaters, verweigerte sich aber einer engen Beziehung zu ihm, was letztlich zu Bitterkeit und Neid auf den jüngeren Bruder führte.

3. *(bezieht sich auf Frage 2 des Bibelstudiums)* Was verlockt euch dazu, das Haus des Vaters zu verlassen und von ihm getrennt zu leben?

4. *(bezieht sich auf Frage 3 des Bibelstudiums)* Inwiefern seid ihr manchmal wie der „brave, pflichtbewusste" ältere Sohn?

5. *(bezieht sich auf Frage 5 des Bibelstudiums)* Im wirklichen Leben bekommen Eltern aus ganz verschiedenen Gründen Kinder. Wenn ihr an das Bibelstudium von dieser Woche denkt, was meint ihr dann, warum Gott wollte, dass ihr das Licht der Welt erblickt?

6. Offensichtlich sehnt sich der Vater im Gleichnis nach Gemeinschaft mit seinen Kindern, und es bereitet ihm große Freude, wieder mit seinem Sohn vereint zu sein. Hört euch dieses Zitat von Henri Nouwen an: *„Wäre es nicht wundervoll, Gott zum Lächeln zu bringen, indem ich ihm die Chance gebe, mich zu finden und überschwänglich zu lieben? […] Glaube ich wirklich, dass Gott sich zutiefst danach sehnt, mit mir zusammen zu sein?"*

Was löst dieses Zitat bei euch aus?

7. Und noch ein Zitat von Henri Nouwen:

   *„Lange Zeit habe ich mit der Einsicht gelebt, dass die Rückkehr ins Haus meines Vaters die ultimative Berufung war. Es hat mich viel geistliche Arbeit gekostet, sowohl den älteren als auch den jüngeren Sohn in mir dazu zu bringen, sich umzudrehen und die Liebe des Vaters anzunehmen. Tatsache ist, dass ich auf vielen Ebenen noch immer auf dem Rückweg bin. Doch je näher ich der Heimat komme, desto klarer wird die Erkenntnis, dass es noch eine Berufung gibt, die über die Rückkehr nach Hause hinausgeht […]. Ich sehe nun, dass die Hände, die vergeben, bestätigen, heilen und ein üppiges Mahl bereiten, meine Hände werden müssen."*

Was befähigt uns dazu, uns nicht nur beim Vater zu Hause zu fühlen, sondern die Aufgabe zu übernehmen, seine Gnade an andere weiterzugeben?

> Es erfordert einige Anstrengung, die Behäbigkeit zu überwinden, die sich mit dem Gefühl des „Zu-Hause-Seins" einstellt. Doch je besser wir Gottes Gnade kennen lernen, desto mehr sollten wir auch den Wunsch haben, andere zu ihm nach Hause einzuladen. Wenn wir keine Gnade erleben, werden wir auch wenig Lust verspüren, andere Menschen mitzuziehen. Doch wenn die Güte Gottes unser „täglich Brot" ist, dann wird die Freude darüber in jedem Gespräch mit anderen Menschen einfach aus uns heraussprudeln!

8. Warum ist es so wichtig, dass wir uns bei Gott ganz zu Hause fühlen, wenn wir so leben möchten, als sei Jesus an unserer Stelle?

>  Jesus war eindeutig immer ganz „bei Gott zu Hause". Wenn wir seinem Beispiel folgen wollen, sollten wir das also auch tun. Jeder Versuch, ihm ähnlicher zu werden, kann nur scheitern, wenn er nicht auf der felsenfesten Sicherheit von Gottes Liebe und seiner Annahme steht. Unsere Kraft kommt aus dem Wissen, dass Gott für uns ist und dass wir das, was wir suchen, nirgendwo anders als in seiner Nähe finden können.

*Kernaussage:* Gott ist gnädig zu mir und möchte, dass ich in dieser Gnade jeden Tag lebe.

> Die nächste Einheit beinhaltet eine längere Übung zum Thema Stille statt des üblichen Bibelstudiums. Wir schlagen vor, dass Sie Ihre Teilnehmer jetzt schon darauf vorbereiten, damit sie sich genügend Zeit für diese wichtige Übung reservieren.

*Tipps für Gruppenleiter*

*Einheit 3*

## Einheit 3

# Geistliches Wachstum

*Fokus:* Geistliches Wachstum ist ein Prozess, der durch Übung gefördert wird, nicht nur, indem man sich bemüht, Jesus ähnlicher zu werden.

1. Warum beschenkt uns Gott nicht einfach mit großartigen geistlichen Erkenntnissen und Fähigkeiten, wo er das doch jederzeit tun könnte?

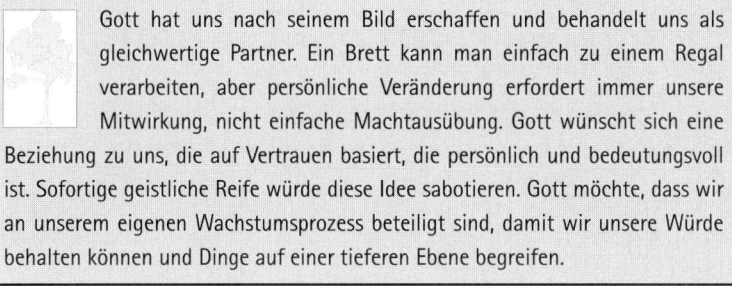

> Gott hat uns nach seinem Bild erschaffen und behandelt uns als gleichwertige Partner. Ein Brett kann man einfach zu einem Regal verarbeiten, aber persönliche Veränderung erfordert immer unsere Mitwirkung, nicht einfache Machtausübung. Gott wünscht sich eine Beziehung zu uns, die auf Vertrauen basiert, die persönlich und bedeutungsvoll ist. Sofortige geistliche Reife würde diese Idee sabotieren. Gott möchte, dass wir an unserem eigenen Wachstumsprozess beteiligt sind, damit wir unsere Würde behalten können und Dinge auf einer tieferen Ebene begreifen.

2. Was ist der Unterschied zwischen jemandem, der *versucht*, wie Jesus zu leben, und jemandem, der dafür *trainiert*, wie Jesus zu werden?

3. Welche negativen Reaktionen verspüren Sie gegenüber dem Konzept des Trainierens? Was halten Sie von geistlichen Übungen?

> Nutzen Sie den Rest des heutigen Abends, um über die Erfahrungen mit der Stille-Übung zu sprechen. Nehmen Sie sich viel Zeit, damit jeder Teilnehmer von seinen Erkenntnissen und Einsichten berichten kann.

4. Welche Übungen helfen Ihnen im Moment weiter? Welche nicht? Welche neuen Aktivitäten würden Sie gern ausprobieren?

5. In Bezug auf die geistliche Übung dieser Woche:
   - Wie hat sich diese längere Zeit der Zurückgezogenheit angefühlt? Welche Aspekte davon waren schwierig? Was fiel euch leicht? Konntet ihr eine Entwicklung oder Erkenntnis feststellen?
   - Auf welchem Gebiet braucht ihr Wachstum?
   - Was habt ihr am Ende dieser Zeit empfunden? Meint ihr, dass ihr so etwas bald wieder einmal machen möchtet? Warum oder warum nicht?

*Kernaussage:* Wachstum entsteht, wenn wir uns darin *üben*, Jesus ähnlicher zu werden – nicht indem wir es einfach *versuchen*. Manche geistlichen Übungen gefallen uns besser, andere weniger; sie alle sind aber unverzichtbare Hilfsmittel für unser geistliches Training.

## Einheit 4

# Gruppen

*Fokus:* In Beziehungen steckt eine enorme Kraft zur Veränderung, wenn sie von Wahrheit und Gnade geprägt sind.

1. Beschreibt eine Gelegenheit seit dem letzten Treffen, als ihr in Jesu Namen jemandem die Wahrheit gesagt habt. Danach erzählt von einer Begegnung, bei der die Gnade im Mittelpunkt stand. Wie sind diese Treffen verlaufen?

2. Wie kann eine Beziehung, in der Wahrheit und Gnade ein gesundes Gleichgewicht halten, euch in den folgenden Bereichen helfen:
   - den richtigen Weg finden und Entscheidungen treffen,
   - mit inneren Kämpfen fertig werden,
   - Charakterprobleme angehen,
   - Vergebung erfahren,
   - schwierige Zeiten überstehen?

3. In welche Richtung bewegt sich eure Sicht von Gott im Moment: Stellt er sich euch eher als wahrheitsliebend oder als gnädig dar? Welche Faktoren in eurem Leben bewirken wohl die eine oder andere Tendenz?

4. *(bezieht sich auf Frage 3 des Bibelstudiums)* Was entspricht eher deiner Natur: die Wahrheit zu sagen oder Gnade walten zu lassen? Wie hat diese Stärke dir bisher im Leben geholfen? Was wäre der Vorteil, wenn du deine von Natur aus schwächere Seite stärker ausbauen würdest?

5. *(bezieht sich auf Frage 4 und 5 des Bibelstudiums)* Wenn du deine natürlichen Tendenzen betrachtest, welche biblischen Wahrheiten solltest du dir dann immer wieder ins Gedächtnis rufen?

6. Wie gut kannst du Gnade annehmen? Und Wahrheit? Inwiefern kann die Gruppe dir helfen, die jeweilige Schwäche auszugleichen?

7. *(bezieht sich auf Frage 6 des Bibelstudiums)* Was sind einige Möglichkeiten, wie man schwierige oder schmerzliche Wahrheiten einfühlsam aussprechen kann?

Hier ein paar Beispiele, wie dies aussehen kann:
- Beginnen Sie eine Konfrontation immer mit einer Bestätigung der Beziehung zu der betroffenen Person.
- Ermutigen Sie die Person in jedem Bereich, in dem sie auch nur die geringsten positiven Ansätze zeigt.
- Vermeiden Sie emotional aufgeladene Aussagen, Beschuldigungen oder andere Druckmittel, die die Person irritieren.
- Seien Sie nicht sarkastisch oder doppeldeutig; sprechen Sie ehrlich und direkt Ihr Anliegen an.
- Achten Sie auf Ihre Stimmlage und Lautstärke.

8. *(bezieht sich auf Frage 8 des Bibelstudiums)* Wie schätzt ihr unsere Fähigkeiten (als Kleingruppe) auf dem Gebiet der Wahrheit und der Gnade ein?

*Kernaussage:* Beziehungen, die uns dabei helfen, wie Jesus zu leben, sind von Gnade und Wahrheit gekennzeichnet. Wir sollten uns unserer natürlichen Tendenzen bewusst sein und ständig daran arbeiten, Gott zu ehren, indem wir ein immer besseres Gleichgewicht dieser beiden Eigenschaften herstellen.

*Ein Wort zum Thema Leiterschaft:* Erinnern Sie sich noch an die Anmerkungen am Anfang dieses Kapitels zu Ihrer Rolle als Leiter? Jetzt ist es vermutlich an der Zeit, dass Sie sich selbst wieder daran erinnern, dass Ihre Hauptrolle die eines „Cheerleaders" ist – jemand, der jedes Anzeichen von geistlichem Wachstum bei seinen Teilnehmern wahrnimmt und ihnen lautstark applaudiert!
Haben Sie beobachtet, dass Gott bei Ihren Freunden im Laufe der letzten Wochen Veränderungen bewirkt? Gehen Sie nicht einfach davon aus, dass sie diese Fortschritte auch selbst bemerkt haben – und auf jeden Fall können sie ein paar ermutigende Worte immer

gebrauchen! Finden Sie kreative Möglichkeiten, den Menschen in Ihrer Gruppe ihr Wachstum deutlich zu machen. Es ist unheimlich ermutigend zu sehen, dass sich tatsächlich etwas verändert und dass diese positive Entwicklung von anderen bemerkt wird!

Es gibt nicht viele Orte und Gelegenheiten, bei denen das geistliche Weiterkommen eines Menschen wahrgenommen und gefeiert wird. Und würde es Ihnen nicht auch gefallen, wenn jemand Sie lobt und anfeuert, auf Ihrem eingeschlagenen Weg weiterzugehen? So geht es Ihren Teilnehmern auch. Sie haben die Möglichkeit, durch ernsthaftes Lob und durchdachte Einsichten etwas im Leben eines Menschen zu verändern!

Seien Sie sich auch bewusst, dass viele Gruppen abgelenkt werden, weil es ein schwieriges Gruppenmitglied oder ein ungelöstes Problem gibt. Manche Teilnehmer könnten auch deutliche Fortschritte machen, wenn man sie mal ein bisschen anschubst. Ermutigung bedeutet ja nicht nur, dass man ständig nette Dinge sagt, sondern Worte, die Mut machen, er-MUT-igen, wo der Mut fehlt! Gehen Sie Risiken ein! Sagen Sie, was gesagt werden muss, um Ihre Teilnehmer auf Ihr gemeinsames Ziel hin auszurichten: hingegebene Nachfolger Jesu zu werden.

### Einheit 5

# Gaben

*Fokus:* Wenn wir unsere Gaben mit einer dienstbereiten Grundeinstellung einsetzen, wird das in unserem Leben (aber nicht nur in unserem) Veränderung bewirken.

1. Was habt ihr besonders in der letzten Woche über euch selbst gelernt, als ihr versucht habt, anderen zu dienen? Inwiefern habt ihr Gottes verändernde Kraft gespürt? Gab es Faktoren, die euch davon abgehalten haben, euch so einzubringen, wie ihr eigentlich wolltet?

> Nehmen Sie sich viel Zeit, damit die Gruppenmitglieder diese Fragen offen und ehrlich beantworten können. Nur dann können sie zu tief greifenden Einsichten kommen. Zum Beispiel könnten einige Teilnehmer erkennen, dass sie bisher nicht wirklich bereit waren zu dienen; oder sie sind ermutigt worden, weil sie gemerkt haben, dass es tiefe Freude bringt, anderen Menschen zu helfen.

2. *(bezieht sich auf Frage 2 des Bibelstudiums)* Zu welcher Seite tendiert ihr: zu der Sehnsucht, bemerkt zu werden, oder dem Wunsch nach Unauffälligkeit? Welche Aspekte eurer Persönlichkeit, Erziehung usw. tragen zu dieser Richtung bei?

3. Wer außer Jesus ist dein persönliches Vorbild, wenn es um das Thema Dienerschaft geht? Was ist deiner Meinung nach der Grund dafür, dass diese Person darin so gut ist?

4. Was hat dir bisher am meisten Freude gemacht, wenn du anderen Menschen geholfen hast? Was ist deine größte Angst in Bezug auf einen dienenden Lebensstil?

*Tipps für Gruppenleiter*

*Einheit 5*

> Viele Menschen fürchten die Folgen einer falsch verstandenen Dienstbereitschaft – sie möchten nicht missbraucht oder als Fußabtreter benutzt werden. Andere befürchten, dass Gott ihre Pläne durchkreuzen und ständig unangenehme Dinge von ihnen verlangen könnte und dass sie keine Zeit mehr für das haben, das sie gern tun.

5. *(bezieht sich auf Frage 7 des Bibelstudiums)* Im Philipper-Brief, Kapitel 2, Verse 1–11 erläutert Paulus Jesu Einstellung zum Dienen und warum Gott diese Einstellung honoriert. Inwiefern inspiriert dich das Beispiel Jesu, der auf alle seine göttlichen Vorteile verzichtete, um ein Diener für die Menschen zu werden? Was entdeckst du noch in diesem Abschnitt, das sich auf dich und deine Haltung in Bezug auf das Dienen übertragen lässt?

> Die Demut, die Jesus auf der Erde an den Tag legte, hatte nichts mit Anspannung, Qual oder Selbstkasteiung zu tun. Weil er die richtige Sicht von Dienerschaft hatte, konnte er anderen dienen, ohne eine Gegenleistung zu erwarten – seine Liebe war und ist nicht an Bedingungen geknüpft. Weil er die Belohnung kannte, die auf ihn wartete, war er in der Lage, alle Härten zu bestehen. Auch wir sollten uns von dem Wissen tragen lassen, dass die Rückschläge dieser Welt nicht das letzte Kapitel unseres Lebens sind. Ein wunderbarer Lohn erwartet uns, und Gott hat jede unserer Bemühungen und guten Absichten gesehen, auch wenn unser Dienst für andere manchmal missverstanden oder nicht geschätzt wird.

6. Welche Rolle spielen individuelle Begabungen bei einem dienenden Lebensstil?

> Unser Dienst muss immer im Einklang mit unseren Neigungen und Stärken stehen. Jeder Mensch ist anders; darum können wir mehr erreichen, wenn wir zusammenarbeiten und jeder seine individuellen Stärken und Begabungen einbringt. Sie als Gruppenleiter sollten den Teilnehmern helfen, den nächsten Schritt in Richtung der Erforschung und Schulung ihrer Gaben zu tun. Es gibt dazu viele hilfreiche Bücher (z. B. das „D.I.E.N.S.T."-Programm von *Willow Creek*). Natürlich ist der „Zeitplan" für jeden Menschen anders, und hier zeigt sich einmal mehr, dass man nicht alle über einen Kamm scheren kann. Sie sind der „Hirte" und sollten versuchen, mit jedem Teilnehmer den nächsten Schritt zu erarbeiten.

*Kernaussage:* So zu leben wie Jesus bedeutet, über gelegentliche Anfälle von Hilfsbereitschaft hinauszugehen; es bedeutet, ein Leben in freiwilliger Dienerschaft zu führen.

*Tipps für Gruppenleiter*
*Einheit 6*

Einheit 6

# Gute Haushalterschaft

*Fokus:* Großzügiger Umgang mit unseren Ressourcen weitet unsere Herzen.

1. Mit welchen Schwierigkeiten habt ihr zu kämpfen, während ihr versucht, in unserer materiell orientierten Welt so zu leben, wie Jesus es an eurer Stelle tun würde?

> Sprechen Sie Probleme an wie:
> - Unzufriedenheit/Gier nach mehr,
> - Neid,
> - Schulden,
> - Kaltherzigkeit gegenüber Bedürftigen.

2. Was habt ihr im Verlauf der Übung erlebt? Gibt es einige besondere Wege, wie Gott euren Umgang mit Geld verändert hat? Sind euch Bereiche bewusst geworden, in denen ihr Veränderung nötig habt?

3. *(bezieht sich auf Frage 1 des Bibelstudiums)* Zu welchen Schlüssen seid ihr in Bezug auf die beiden Gleichnisse gekommen? Welche Zweifel halten euch davon ab zu glauben, dass das Königreich Gottes wirklich jeden Preis wert ist?

4. *(bezieht sich auf Frage 2 des Bibelstudiums)* Wie würdet ihr die Einstellung und die Verhaltensweisen zusammenfassen, die Gott sich für uns im Hinblick auf Geld und Besitz wünscht?

5. Warum kommt uns „gute Haushalterschaft" manchmal langweilig oder schwierig vor? Welche Wahrheit gilt für diese (falsche) Auffassung?

*Reise zum Leben*
*Geistliches Training für Menschen wie du und ich*

> Wenn man zu einem Kaufimpuls nein sagt, hinterlässt das vielleicht im Augenblick ein unbefriedigtes Gefühl. Aber es lohnt sich! Dennoch sollte man nicht erwarten, dass schlechte Gewohnheiten, die sich jahrelang eingeschliffen haben, einfach so verschwinden. Das erfordert Überwindung und Übung, Übung, Übung!

6. *(bezieht sich auf Frage 3 des Bibelstudiums)* Erzählt von einer Gelegenheit, in der ihr großzügig gegeben habt. Was hat euch dazu bewegt? Habt ihr die Erfahrungen gemacht, die Paulus verspricht?

7. *(bezieht sich auf Frage 5 des Bibelstudiums)* Wie helfen euch Jesu Worte dabei festzustellen, was euch im Moment wichtig ist? Welche Schritte müsstet ihr vielleicht unternehmen, um aus der Bequemlichkeitszone hinauszukommen und hingebungsvoller zu leben?

> Dies wäre eine gute Gelegenheit für Ihre Gruppe, ein gemeinsames Projekt anzugehen, um Menschen in Not zu helfen. Während Sie sich auf das Treffen vorbereiten, sollten Sie sich auch bereits ein paar Vorschläge überlegen, die für Ihre Gruppe praktikabel wären. Ihre (Kirchen-)Gemeinde oder andere soziale Werke können Ihnen da sicher ein paar Ideen mitgeben; vielleicht kennen Sie auch eine Person oder Familie, die gerade in besonderen Schwierigkeiten steckt. Diskutieren Sie mit den Teilnehmern der Kleingruppe verschiedene Möglichkeiten durch.

8. *(bezieht sich auf Frage 6 des Bibelstudiums)* Wie habt ihr zusammengefasst, was es bedeutet, „zuerst nach dem Reich Gottes zu trachten" – besonders im Hinblick auf eure materiellen Mittel?

9. *(bezieht sich auf Frage 7 des Bibelstudiums)* Was würde es dich kosten, Gott deine „Schätze" anzuvertrauen, so wie es hier beschrieben ist?

*Kernaussage:* Wir sind geborene „Schatzsammler". Das, was wir schätzen, offenbart nicht nur das Wesen unseres Herzens, sondern formt es auch. Wenn wir einen großzügigen Lebensstil entwickeln, bewegt sich unser Herz weg von besitzergreifendem Denken und

*Tipps für Gruppenleiter*

*Einheit 6*

Neid. Jesu Wertschätzung für andere Menschen sollte uns in Fleisch und Blut übergehen. Obwohl es zuerst sehr schwierig oder gar unmöglich aussehen mag, gibt uns das Leben, das Gott uns zeigt, so viel mehr als alles, was die Welt zu bieten hat!

*Reise zum Leben*
Geistliches Training für Menschen wie du und ich

Einheit 7

# „Wir kennen ihn gut ..."

*Fokus:* Das Ziel geistlichen Wachstums ist es, so zu leben, dass andere Menschen in uns das Wesen Christi erkennen und sagen: „Wir kennen ihn gut ..."

1. Wie hat die Geschichte des Missionars auf dich gewirkt? Inwiefern fiel es dir schwer, dich mit dem Leben dieses Mannes zu identifizieren? Kannst du dir vorstellen, auf deine Art bei den Menschen einen ähnlichen Eindruck zu hinterlassen?

2. Wie lief die geistliche Übung dieser Woche für dich? Hast du eine Veränderung an dir festgestellt, die etwas mit Ken Gires Fragestellung zu tun hatte?

3. *(bezieht sich auf Fragen 1 bis 6 des Bibelstudiums)* Wenn du über die Früchte des Geistes und über deine Fähigkeit zum Geben und Nehmen nachdenkst, was ist dir in dieser Woche besonders aufgefallen? Zu welchen Schlüssen bist du im Hinblick auf deine geistliche Gesundheit gekommen?

4. *(bezieht sich auf Frage 6 des Bibelstudiums)* Welche Veränderungen musst du in deinem geistlichen Leben vornehmen? Und: Was wird dich das kosten?

5. Nenne ein paar deiner persönlichen Highlights aus den bisherigen Einheiten!

 Lassen Sie der Gruppe für die Beantwortung dieser Frage viel Zeit. Hoffentlich hat jeder einiges dazu beizutragen!

*Tipps für Gruppenleiter*

*Einheit 7*

6. Was könnte unsere Gruppe dazu beitragen, dass du auf deiner geistlichen Reise weiterkommst?

7. Sind deine anfänglichen Erwartungen an diese Gruppe erfüllt worden oder nicht?

*Kernaussage:* Das Ziel geistlichen Wachstums ist es, Jesus immer besser kennen zu lernen und so zu leben, als sei er an unserer Stelle. Komplizierter ist es gar nicht! Ein solches Leben hinterlässt bei unseren Mitmenschen einen deutlichen Eindruck. Außerdem ist es die einzige Art zu leben, die sich wirklich lohnt – randvoll mit Bedeutung und Freude!

## Geistliches Training für Menschen wie du und ich

Beim Christsein geht es um mehr, als es »gerade so« in den Himmel zu schaffen. Im Mittelpunkt des christlichen Glaubens geht es um Veränderung! Es geht um einen Gott, dem nicht nur unser »geistliches Wohl« am Herzen liegt, sondern der Einfluss auf jeden Bereich unseres Lebens haben und uns überall begegnen möchte.

Wie dies aussehen kann, beschreibt Ortberg anhand eines erfrischend neuen Zugangs zu den klassischen geistlichen Übungen. Es gelingt ihm, die bewährten und jahrhundertelang erprobten heiligen Gewohnheiten – z. B. Feiern, Dienen, Einsamkeit – modern und straßentauglich zu beschreiben.

John Ortberg
*Das Leben, nach dem du dich sehnst*
Gebunden, 240 Seiten
Best.-Nr. 657 243

## Vom Kopf ins Herz – Gottes Liebe fühlen lernen

Sehnen Sie sich danach, Gottes Liebe nicht nur rational, sondern tief in Ihrem Herz begreifen und spüren zu können? In diesem Buch bringt John Ortberg Ihnen auf seine unverwechselbar liebevolle, ehrliche Art den Gott näher, nach dem wir uns alle so sehr sehnen: einen Vater, der bis über beide Ohren in Sie – sein Kind – verliebt ist und dem nichts mehr am Herzen liegt als Ihr Wohlergehen.

Mit kraftvollen Bildern und bewegenden Geschichten gelingt es ihm, den Vorhang der Missverständnisse und Verletzungen beiseite zu schieben und Ihnen einen ganz neuen Zugang zu der unbeschreiblichen Liebe Gottes zu ermöglichen, die nur darauf wartet, in Ihrem Leben aufzublühen und alles zu verändern!

John Ortberg
*Die Liebe, nach der du dich sehnst*
Gebunden, 240 Seiten
Best.-Nr. 657 316